Praktische
Theologie
konkret

Band 5

Herausgegeben von
Hans-Martin Lübking und Bernd Schröder

Friederike Erichsen-Wendt/
Adelheid Ruck-Schröder

Pfarrer:in sein

Vandenhoeck & Ruprecht

Bibliografische Information der Deutschen Nationalbibliothek:
Die Deutsche Nationalbibliothek verzeichnet diese Publikation in der
Deutschen Nationalbibliografie; detaillierte bibliografische Daten sind
im Internet über https://dnb.de abrufbar.

© 2022 Vandenhoeck & Ruprecht, Theaterstraße 13, D-37073 Göttingen,
ein Imprint der Brill-Gruppe
(Koninklijke Brill NV, Leiden, Niederlande; Brill USA Inc., Boston MA, USA;
Brill Asia Pte Ltd, Singapore; Brill Deutschland GmbH, Paderborn, Deutschland;
Brill Österreich GmbH, Wien, Österreich)
Koninklijke Brill NV umfasst die Imprints Brill, Brill Nijhoff, Brill Hotei,
Brill Schöningh, Brill Fink, Brill mentis, Vandenhoeck & Ruprecht, Böhlau,
V&R unipress.

Umschlagabbildung: © Thomas Hirsch-Hüffell

Satz: SchwabScantechnik, Göttingen
Druck und Bindung: ⊕ Hubert & Co. BuchPartner, Göttingen
Printed in the EU

Vandenhoeck & Ruprecht Verlage | www.vandenhoeck-ruprecht-verlage.com

ISBN 978-3-525-63065-5

Inhalt

Vorwort der Herausgeber

Die Reihe »Praktische Theologie konkret« will Pfarrer:innen sowie Mitarbeitende in Kirche und Gemeinde mit interessanten und innovativen Ansätzen in kirchlich-gemeindlichen Handlungsfeldern bekannt machen und konkrete Anregungen zu guter Alltagspraxis geben.

Die Bedingungen kirchlicher Arbeit haben sich in den letzten Jahren zum Teil erheblich verändert. Auf viele heutige Herausforderungen ist man in Studium und Vikariat nicht vorbereitet worden und in einer oft belastenden Arbeitssituation fehlt meist die Zeit zum Studium neuerer Veröffentlichungen. So sind interessante neuere Ansätze und Diskussionen in der Praktischen Theologie in der kirchlichen Praxis oft kaum bekannt.

Der Schwerpunkt der Reihe liegt nicht auf der Reflexion und Diskussion von Grundlagen und Konzepten, sondern auf konkreten Impulsen zur Gestaltung pastoraler Praxis:
- praktisch-theologisch auf dem neuesten Stand,
- mit Informationen zu wichtigen neueren Fragestellungen,
- Vergewisserung über bewährte »Basics«
- und einem deutlichen Akzent auf der Praxisorientierung.

Die einzelnen Bände sind von Fachleuten geschrieben, die praktisch-theologische Expertise mit gegenwärtiger Erfahrung von konkreter kirchlicher Praxis verbinden. Wir erhoffen uns von der Reihe einen hilfreichen Beitrag zu einem wirksamen Brückenschlag zwischen Theorie und Praxis kirchlicher Arbeit.

Dortmund/Göttingen   Hans-Martin Lübking und Bernd Schröder

Geleitwort

Die Debatte um den Pfarrberuf ist vielfältiger denn je. Das zeigt dieses Buch in aller Deutlichkeit. Ich hoffe, dass es von vielen, nicht nur Ordinierten, rezipiert wird.

Bei allen Aufgabenbeschreibungen des Pfarrberufs zieht sich das Verständnis eines leitenden und deutenden Berufs unter dem Vorzeichen der Theologie und des Gottvertrauens durch die Debatten. Pfarrer:innen sind Teil einer sich wandelnden Kirche und gleichzeitig mitverantwortlich für die Gestaltung und Moderation der Veränderungsprozesse. Pfarrer:innen geht es darum, kirchliches Reden, Handeln, Schweigen und Abwarten theologisch reflektiert in Bezug zu den Kontexten zu setzen, in denen evangelische Kirche in Deutschland lebt.

Die Frage nach der Zukunft der Parochie spielt hier eine zentrale Rolle. An vielen Orten lebt sie nicht mehr auf »althergebrachte« Weise. So steht in der »postparochialen« Zeit eine Metamorphose an. Eine zentrale Rolle – um den unglücklichen Begriff des Schlüsselberufs zu vermeiden – spielen in vielen Kontexten die Pfarrer:innen. Eingezwängt zwischen Ansprüchen zur Bewahrung des Vertrauten und der notwendigen Weiterentwicklung geraten sie häufig in Überforderungssituationen. Hier ist eine konzeptionelle Zusammenarbeit von Pfarrer:innen, Superintendent:innen, Kirchengemeinderäten und Synoden auf den verschiedenen Ebenen unverzichtbar. In diese Zusammenhänge passt die in manchen Kirchen bewährte, in anderen erst kürzlich neu entdeckte Arbeit in multiprofessionellen Teams. Interprofessionalität wird der neue Standard, der nicht aus Not, sondern aus ekklesiologischer Überzeugung anzustreben ist. Die Integration in ein Team unterschiedlicher Professionen entlastet Pfarrer:innen von dem Anspruch, die »eierlegende Wollmilchsau« sein zu müssen.

Bei aller Diversität und Ungleichzeitigkeit der Entwicklungen in den Landeskirchen scheint es mir gemeinsame Chancen zu geben. Ich nenne beispielhaft:

Auf der Ebene der EKD wächst in der Gremienarbeit von Ausbildungs-, Personal- und Fortbildungsreferent:innen ein offener Austausch der landeskirchlichen Vertreter:innen – im Bewusstsein der Vielfalt. Diese Chance, voneinander zu lernen und sich miteinander zu verbünden, wird wahrgenommen, auch unter Einbeziehung derer, die Aus- und Fortbildung in der Praxis verantworten. Darüber hinaus ist es angesichts des verstärkten Landeskirchenwechsels in allen Phasen der Ausbildung und Berufsjahre wie auch der unterschwelligen Konkurrenzsituation der Landeskirchen durch den Pfarrer:innenmangel wichtig, gemeinsame Standards zu halten. Zur nötigen Orientierung für Pfarrer:innen tragen transparente Personalentwicklungsstrategien bei, die auf landeskirchlicher Ebene und nicht nur regional verankert sein müssen.

Vielfältig und individuell ist der Bildungsweg und die Arbeit jeder Pfarrperson; das schildert dieses Buch eindrücklich. Diese Diversität ist nicht nur eine Beobachtung, sie ist Ziel, denn keiner Kirche ist gedient, wenn sie z. B. nur Pfarrer:innen mit bildungsbürgerlichem Hintergrund hat. Das hat Folgen für die Konzepte der Nachwuchsgewinnung und der Studieneingangsphase, in der mehr Aufmerksamkeit für die Schnittstelle zwischen Schule und Universität sowie eine Orientierung im Fach Evangelische Theologie vonnöten ist. Viele kirchliche Verantwortliche mahnen sowohl Optionen für Quer- und Durchstiege an wie auch einen verstärkten Fokus auf eine theologische Sprachfähigkeit. Darum ist es gut, dass intensiv an einer Reform des Theologiestudiums gearbeitet wird. Auch die kirchliche Studierendenbegleitung ist wichtig für die Begegnung mit der Diversität kirchlichen Lebens, die Fragen nach dem eigenen Glauben und nach der eigenen zukünftigen Rolle in dieser Kirche.

An diese Anliegen knüpfen die Ausbildungsstätten für den Pfarrberuf an. Sie haben in den vergangenen Jahren ihre Konzepte teils erneuert, teils völlig neu aufgesetzt. Häufig ging dies mit einer Verkürzung der Ausbildungszeit einher, auch mit der überzeugenden Begründung, für mehr als den Start in den Beruf könne man angesichts der aktuellen und zu erwartenden Entwicklungen nicht ausbilden.

Diese Einsicht ruft die Notwendigkeit einer Fortbildung in allen Amtsjahren auf den Plan, nicht als Gängelung durch die Arbeitgeberin, sondern als Rückenstärkung für die Pfarrer:innen. Lebenslanges Lernen, ein regelmäßiges Befragen der eigenen Rolle und theologischen Einsichten sowie Auszeiten für eigene Spiritualität sind unverzichtbar.

Damit komme ich zu der Haltung, zu der dieses Buch ermutigt. Da wir aus einer Quelle leben, die wir nicht bewirtschaften, kann aus dem Gottvertrauen Toleranz erwachsen, die Vielfalt aushält. Dann ist die Rede von Chancen, die Veränderungen in sich bergen, mehr als ein pastorales Schönreden deprimierender Erfahrungen.

Auch wenn sich dieses Buch bewusst als zeitgebunden versteht, ist es doch mehr als eine Momentaufnahme; es bündelt die neuesten Entwicklungen und stößt weitere an. Ein großer Dank gilt daher Studienleiterin Dr. Friederike Erichsen-Wendt und Regionalbischöfin Dr. Adelheid Ruck-Schröder für ihre Analysen und Impulse!

Christiane de Vos

Oberkirchenrätin Dr. Christiane de Vos ist Referentin für Hochschulwesen und theologisch-kirchliche Ausbildung der Evangelischen Kirche in Deutschland (EKD).

Vorwort der Autorinnen

Zwei Pfarrerinnen schreiben über den Pfarrberuf. Jenseits dessen, was man von Pfarrer:innen »sieht«, skizzieren wir Einstellungen, Habitus und Forschungstrends. Wir spannen Felder auf, innerhalb derer sich die Berufsrollenträger:innen bewegen.

Unsere augenscheinlichste Gemeinsamkeit ist, dass wir für die Ausbildung zum Pfarrberuf verantwortlich sind oder waren. Damit denken wir viel über die formative Phase des Berufs nach und sind darüber in unseren Kirchen im Gespräch: Wie wird man eigentlich ein:e gute:r Pfarrer:in? Wir agieren damit auf der Schwelle von akademischer Theologie und kirchlichem Leben. Wir bilden Vikar:innen aus. Erst mit ihrer Generation, der um 1995 Geborenen, vollzieht sich der Wandel von der Lebens- zur Berufsförmigkeit des pastoralen Dienstes. Insofern rekonstruieren wir in diesem Buch eine Entwicklung, die wir bei den Jüngeren sehen und die unsere Kirchen im Ganzen gegenwärtig erst vollziehen. Inwiefern wir damit sogar schon auf einem Weg zu einer »neuen Beruflichkeit 4.0« sind, lässt sich derzeit kaum absehen, geschweige denn beschreiben.

Die Themen und Thesen dieses Buches haben wir gemeinsam entwickelt: Wir wussten voneinander, dass wir hinreichend oft unterschiedlicher Meinung sind und doch »irgendwie« das Gleiche wollen. Das hat uns interessiert. Unser Diskurs ist so präzise diffus wie der Pfarrberuf selbst. Trotzdem ziehen wir Linien: Die Situation, die wir gesellschaftlich, personspezifisch und kirchlich beschreiben, wird im pastoraltheologischen Update in einen theologischen Gesprächszusammenhang eingeordnet. An vielen Stellen ergeben sich daraus die »Essentials« des gegenwärtigen Pfarrberufs. Diese Liste ist unabgeschlossen: Wir nennen das, was wir als zentral ansehen und worin aus unserer Sicht ein ungefährer Common Sense der pastoraltheologischen Forschung zum Ausdruck kommt. Die Impulse, die wir bei aller Darstellung, die um Ausgewogenheit bemüht ist, von dort ausgehend setzen, sollen ein Gespräch anstoßen, das die Leser:innen mit sich und anderen fortführen mögen.

Dieses Buch ist in Cafés und Videokonferenzen, in einem Landes-kirchenamt, in einem Pfarrhaus und am Telefon entstanden. Wir haben gemeinsam geschrieben und jede für sich. Mal hat eine aufgeschrieben, was sie von der anderen gehört hat, mal hat eine einen Vorschlag ge-macht und die andere reagiert. Wir haben uns dabei ertappt, dass wir immer wieder von unserem Pfarrerin-Sein erzählt haben: von eigenen Er-fahrungen im Gemeindepfarrdienst und im funktionalen Dienst. Davon, wie es – immer noch – ist, als Frau einen religiösen Beruf auszuüben. Wir haben unsere eigenen Grenzen ins Gespräch gesetzt und die Lust und Last, mit anderen zusammenzuarbeiten. Von der großen Freude und den Untiefen theologischer Arbeit. Wir haben einander von Lernprozessen und Erkundungen im Predigerseminar Loccum und im Evangelischen Studienseminar Hofgeismar erzählt. Wir haben uns Diversitätsthemen erschlossen, die nicht unsere eigenen sind. Wir beschreiben, was für den Pfarrberuf wesentlich ist und weshalb Elementares wichtig ist. Es geht ums Bauen (Auf-/Ab-/Rück-/Umbauen) und Reformieren. Reflexionen all dieser Themen haben sich in diesem Buch niedergeschlagen.

Uns prägen fast auf den Tag genau zehn Jahre Altersunterschied. Ob-wohl das nicht viel zu sein scheint, vertreten wir zwei verschiedene Berufs-generationen. Uns ist daran bewusst geworden, wie stark und schnell sich der Pfarrberuf bereits in den letzten Jahrzehnten gewandelt hat. Dieser Wandel, der sich in der Gesellschaft und in der Kirche als einem Teil dieser Gesellschaft und in der theologischen Großwetterlage vollzieht, prägt den Pfarrberuf als einer unhintergehbar kontextuellen Tätigkeit grundlegend. Wir gehören Landeskirchen unterschiedlicher Bekennt-nisstände an und haben versucht zu verstehen, was Postkonfessionalität für den Pfarrberuf bedeutet.

Singst du? Wie geht der Tag los? Unser Gesprächsprozess hat erneut zutage gefördert, in welcher Weise auch die individuellen persönlichen Dispositionen in entlastender und herausfordernder Weise das jeweilige Verständnis und die Ausübung des Pfarrberufs prägen. Wir machen An-leihen bei soziologischen Theorien und pastoraltheologischen Entwürfen, um den Pfarrberuf zu verstehen.

Wir versuchen, alles so knapp und hinreichend komplex zu verschrift-lichen, dass die Lektüre in den Pfarralltag passt. Den Gesamttext ver-antworten wir gemeinsam. Natürlich hätten wir es uns viel einfacher ma-chen können – wir sind aber überzeugt, dass das Verständnis, Pfarrer:in zu sein, an Tiefe gewinnt, wenn gegensätzliche Positionen miteinander ins Gespräch kommen und ausgelotet werden.

Für dieses Buch gilt kein Vollständigkeitsparadigma. Lesen Sie es gern kreuz und quer – auch wenn wir das Buch mit einer inneren Logik ausgestattet haben, darf es Spaß machen, darin einfach nur zu blättern und an der einen oder anderen Stelle »hängenzubleiben«.

Wir wissen, dass unser Buch durch seine programmatischen Bezüge auf die Gegenwart auch ein zeitgeschichtliches Dokument ist. Es nimmt ernst, dass Pfarrer:innen beruflich Zeitgenoss:innen sind. Das Gleiche gilt deshalb auch für die Reflexion des Berufes.

Der Text fasst konzentriert zusammen, was Kolleg:innen aus unserer Sicht derzeit zum Staunen, Nachdenken, Einander-Erzählen und Streiten darüber, was der Pfarrberuf eigentlich ist, anstiften sollte. Es ist unser Wunsch, dass diese Momentaufnahme Impulse für das Nachdenken und Handeln von Pfarrer:innen setzt, sodass sie diesen Beruf auch zukünftig gut und fröhlich ausüben.

Wir danken den Kolleg:innen, die aus Anlass dieses Buches zu einzelnen Themen des Pfarrberufs ihre Sichtweise und ihr Expert:innenwissen mit uns teilten, vor allem aber den Vikar:innen in Hofgeismar und Loccum, ohne die wir den Pfarrberuf nicht so gut verstünden. Wir danken besonders Oberkirchenrätin Dr. Christiane de Vos, dass sie unser Buch durch ein Geleitwort bereichert. Pastorin Dr. Christina Ernst (Hannover) und Studienleiter Pastor Olaf Trenn (Berlin) danken wir für die Perspektiven, die sie eingespielt haben, sowie Pfarrer Dr. Georg Kuhaupt (Kirchhain) für die kritische Durchsicht des gesamten Manuskriptes. Darüber hinaus herzlichen Dank an Jana Harle vom Verlag Vandenhoeck & Ruprecht für die sorgfältige verlegerische Betreuung. Schließlich danken wir den Herausgebern, Prof. Dr. Hans Martin Lübking und Prof. Dr. Bernd Schröder, für die Anregung und das Vertrauen, uns mit diesem Thema für die Reihe »Praktische Theologie konkret« zu befassen.

Hofgeismar und Hildesheim, im Oktober 2021

Friederike Erichsen-Wendt
Adelheid Ruck-Schröder

1 Die gegenwärtige Situation des Pfarrberufs – Zahlen, Fakten, Beobachtungen

Pfarrer:innen sollen immer da sein. Oder sie werden gar nicht mehr vermisst. Man vermutet, dass da irgendwie religiöse Dinge passieren. Anders und nicht anders. Pfarrer:innen helfen Schwachen. Sie finden Worte angesichts des Todes. Sie sind gastfrei. Überhaupt frei.

Wir schreiben dieses Buch inmitten einer Vielzahl von Deutungen des Pfarrberufs. Nicht selten wird er vor allem in der Perspektive von beruflicher Überforderung, eines dauernden »Zu-Viel« in den Blick genommen.

Nachmittags Erdbeertorte, abends Krisensitzung. Bewerbungsgespräche digital und 10 Euro an der Haustür. Milieuspezifische Nähe und standardisierte Berufsprofessionalität werden erwartet, oft gleichzeitig. Pfarrer:innen ermöglichen Transzendenzerfahrungen. Sie haben gelernt, Beheimatung in religiösen Formen zu inszenieren. Sie wenden sich den Unbehausten zu und nutzen die Chancen, die der Rückhalt der Institution ihnen bietet. Und dann ist da gelegentlich das Gefühl, von der Organisation alleingelassen zu sein. Pfarrer:innen werden an hohen Standards gemessen. Seh- und Erlebensgewohnheiten verändern sich.

Wenn es um Taufen, Trauungen und Beerdigungen geht, konkurrieren Pfarrer:innen mit Angeboten aus Hochglanzprospekten und suchmaschinenoptimierten Websites. Die religiösen Profis erleben entweder ein Zuviel oder ein Zuwenig an Kasualien – oder organisieren, wer auf Dutzenden Dorffriedhöfen den Rasen mäht. Gelegentlich sind sie das selbst.

Von all diesem Vielen machen wir uns auch in diesem Buch nicht frei. Wir schlagen aber Einordnungen vor, die hilfreich sein können, den (eigenen) Pfarrberuf zu verstehen. Das soll Lust machen, sein großes Gestaltungspotenzial auszuschöpfen.

Die Einordnung in eine Organisation, die einen Nutzen verspricht, stellt die Frage nach der Relevanz: Wozu braucht die Gesellschaft Kirche, die Kirche Pfarrer:innen? Andere singen das Lob auf die Irrelevanz. »Wollt ihr, dass ich jeden Sonntag in der fast leeren Kirche eine Predigt vorlese, oder was soll ich tun?«, fragt ein Pfarrer seine Gemeinde und Follower:innen auf Instagram. Die, die da antworten, haben gute Ideen, verstehen aber gar nicht, weshalb es gut ist, Mitglied in der Organisation Kirche zu sein. Auch dafür steht der:die Pfarrer:in: Er:Sie verkörpert eine Institution, der er:sie sich selbst oft nur teilweise zugehörig fühlt. Und im Kirchenvorstand wird überlegt, ob mit einem weiteren Kindergottesdienstangebot nicht auch der Sonntagsgottesdienst wieder attraktiver würde. Es gäbe doch jetzt Studien, die sagen, vor Ort könne man den Abwärtstrend der Kirche mit guter Arbeit noch brechen. Pfarrer:innen erleben sich als überfordert. Als unterfordert. Und zugleich üben sie einen Beruf aus, von dem statistisch erwiesen ist, dass er von überdurchschnittlicher Berufszufriedenheit geprägt ist.

Jede dieser konkreten Situationen löst bei der:dem Pfarrer:in individuelles Erleben und ganz eigene Lösungsstrategien aus. Sie basieren auf theologischer und hermeneutischer Einsicht sowie daraus geronnener Berufsroutine. Und zugleich finden sie nicht losgelöst von der allgemeinen Situation statt, in der der Beruf gegenwärtig zu stehen kommt. Den Beschreibungen dieser Situation wenden wir uns im Folgenden in gesellschaftlicher, kirchlicher und personspezifischer Weise zu. Wir möchten damit einen Denkanstoß bieten, die Situation noch einmal anders zu sehen, als es die unmittelbar konkrete Lage nahelegt. Das beginnt schon bei der Frage, ob es derzeit in Deutschland viele oder wenige Pfarrer:innen gibt, und führt zu Überlegungen, in welchem Sinne gängige Unterscheidungen wie etwa der Pfarrdienst »auf dem Lande« und »in der Stadt« gegenwärtig erkenntnisleitende Kraft haben.

Natürlich kann man sich fragen, ob gerade die gegenwärtige Situation mit ihren tiefgreifenden Veränderungen geeignet ist, eine pastoraltheologische Reflexion hervorzubringen. Sollte man nicht abwarten, bis alles wieder »ruhiger«, »normaler«, »geordneter« wird? Bis Krisen sich gelegt haben und Routinen sich (neu/wieder) gebildet haben? Wir sind der Überzeugung, dass es ein solches »Danach« und ein »neues Normal« nicht mehr geben wird. Wir werden weiterhin in einer Zeit leben und arbeiten, in der vieles gleichzeitig gültig ist. In der die Selbstverständlichkeiten des einen das Skandalon der anderen sind. In diesen Gemengelagen wirksam und wohlbehalten einen religiösen Beruf auszuüben, erfordert ein hohes Maß an Situationssensibilität, Konzeptionsfähigkeiten und Mut zum Handeln unter Unsicherheit. Dem dient dieses Buch.

Wir regen an, sich ein mehrperspektivisches, gelegentlich auch verunsicherndes Bild der momentanen Situation zu machen. Das ist unseres Erachtens eine notwendige Voraussetzung dafür, dass ein:e Pfarrer:in gebildet, souverän und in Freiheit als solche:r handelt (Kapitel 1). Praktisch-theologische Entwürfe des 21. Jahrhunderts zeigen Strategien eines Berufsbildes oder einer Berufsroutine, die motivierende und entlastende Funktion haben können. Wir bieten ausgewählte pastoraltheologische Konzeptionen als Denk- und Steuerungshilfen für die Beruflichkeit des Pfarrers:der Pfarrerin an und zeigen, wie Geistliche heute selbst berufsbildproduktiv sind (Kapitel 2). Aus diesen situativen und pastoraltheologischen Querschnitten ergeben sich Themen des Pfarrberufs (Kapitel 3) und Impulse für das praktische Handeln von Pfarrer:innen unter den beschriebenen Bedingungen (Kapitel 4). Aus unserer Sicht ist es nicht naheliegend, angesichts der Diversität der Welt, in der wir leben, »besondere Fälle« zu betrachten. Gleichwohl sind uns strukturelle Besonderheiten aufgefallen, die – mehr oder minder unmittelbar – auf den Pfarrberuf einwirken und denen wir deshalb ein weiteres Kapitel widmen (Kapitel 5). Schließlich kommen Pfarrer:innen selbst zu Wort: So, wie sie ihren Dienst in einem Wort beschreiben (Kapitel 6).

1.1 Gesellschaftliche Kontexte des Pfarrberufs

Pfarrberuf in aktuellen Zahlen und Fakten: 33.217 Pfarrer:innen gibt es in Deutschland. 20.134 von ihnen sind im aktiven Dienst tätig, das entspricht etwa 60 %. 38,8 % von ihnen sind Frauen. Aufgrund dieses empirischen Befundes kann man nicht mehr von einem genderspezifischen Beruf sprechen. 18.168 Pfarrpersonen arbeiten in vollzeitlichen Dienstaufträgen, das sind knapp 90 % (Evangelische Kirche in Deutschland 2020a, 7). Gegenüber anderen Professionsberufen, etwa Ärzt:innen und Jurist:innen, stellen Pfarrer:innen eine relativ kleine Berufsgruppe dar (etwa 10 %). Umso erstaunlicher ist es, wie gut ihre Berufstätigkeit empirisch erforscht ist. Die Größe der Zahl soll allerdings nicht darüber hinwegtäuschen, dass sie das Ergebnis eines Abwärtstrends ist: Die Zahl der Theologiestudierenden nimmt seit den 1980er-Jahren kontinuierlich ab. Die Jahrgänge zwischen 1965 und 1985 sind zum einen vergleichsweise geburtenschwach, zum anderen sind viele Kandidat:innen für das Pfarramt in dieser Zeit durch die fehlenden freien Pfarrstellen nicht in den Beruf hineingekommen. Viele Pfarrer:innen sind im Ruhestand oder bereits in einem höheren Dienstalter. Ihnen stehen wenige junge Kol-

Es gibt viele
Pfarrer:innen

leg:innen gegenüber. Voraussichtlich wird in zehn Jahren weniger als die Hälfte der jetzt tätigen Pfarrer:innen im Dienst sein.

> Alle Mitglieder eines Pfarrkonvents stehen auf. Zunächst setzen sich diejenigen, die in fünf Jahren nicht mehr im regulären Dienst sein werden, anschließend die, die in zehn Jahren im Ruhestand sein werden. Was bedeutet das, was Sie in dieser Situation erleben, für die Entwicklung kirchlichen Lebens in Ihrer Region?

Diese vergleichsweise wenigen Berufsanfänger:innen sind mit vielen Stimmen konfrontiert, die die Erfahrungen einer »großen« Kirche in sich tragen. Zugleich werden sie mit teilweise sehr hohen Erwartungen konfrontiert, wenn es darum geht, die Kirche mittels disruptiver Impulse zu gestalten. Diese statistische Beobachtung, gepaart mit der Einsicht in die personspezifischen Einflussfaktoren auf den Pfarrberuf, hat zu einer verstärkten Erforschung der pastoralen Berufsgenerationen geführt. Während für viele Ältere schwierige Einstellungsvoraussetzungen zu ihrer Geschichte mit der Kirche gehören, sind Jüngere daran gewöhnt, umworben zu sein und wählen zu können.

    Der Pfarrberuf in Deutschland ist regional höchst unterschiedlich. Dass es überhaupt Regionen in Deutschland gibt, in denen ein parochiales Netz an Gemeindepfarrstellen derzeit noch plausibel erscheint, liegt daran, dass die vorhandenen Pfarrstellen geografisch ungleichmäßig verteilt sind: So ist das Pfarrstellennetz im Westen der Republik deutlich enger geknüpft als in Ostdeutschland.

    Die Zahlen zum Pfarrberuf werden jährlich in einer Pfarrdienststatistik erhoben (zuletzt 2020 mit Zahlen von 2016, siehe Evangelische Kirche in Deutschland 2020a). In diesen Erhebungen wird die Anzahl der Berufsrollenträger:innen mit den Planstellen der Landeskirchen korreliert. Demnach gibt es 21.402 Planstellen, von denen 86,7 % besetzt oder versorgt sind, davon 14.634 Stellen als Gemeindepfarrstellen. Das übrige Drittel verteilt sich auf sonstige Dienste, von denen der Pfarrdienst in der Schule, vor allem die hauptamtliche Erteilung von Religionsunterricht, mit 1.778 Stellen den größten Posten ausmacht (Evangelische Kirche in Deutschland 2020a, 12). Auffällig ist hier, dass mehr als die Hälfte der Stellen in Teilzeit geführt werden. Die Bemessung der Gemeindepfarrstellen erfolgt in der EKD-Statistik durch Zuteilung von Kirchenmitgliedern. In allen Landeskirchen ist die Anzahl der ausgeschiedenen Pfarrer:innen (durch Ruhestand, vorzeitigen Ruhestand, Tod oder sons-

Alter

tige Gründe) höher als die Anzahl der neu übernommenen Theolog:innen. Zwei Drittel (67 %) erlangen den Zugang zu Ordination und Pfarrberuf unmittelbar im Anschluss an das Zweite Theologische Examen (Evangelische Kirche in Deutschland 2020a, 19).

895 Frauen und Männer befinden sich in der kirchlich verantworteten Ausbildung zum Pfarrberuf, dem Vikariat. Der Frauenanteil im Norden, Süden und Westen Deutschlands ist mit ca. 58 % erheblich höher ist als im Osten (50,6 %). 2.404 Menschen, die Theologie studieren, sind auf einer landeskirchlichen Liste der Studierenden geführt; der Anteil von Männern liegt bei etwa 40 % (Evangelische Kirche in Deutschland 2020a, 6). Die aktuellen Personalprojektionen lassen bereits jetzt erkennen, dass sich diese Situation in absehbarer Zeit deutlich verändern wird: In manchen Landeskirchen werden bis Anfang der 2030er-Jahre deutlich weniger Pfarrer:innen arbeiten als heute – und dennoch gibt es viele Pfarrer:innen.

Berufs-prestige

Ansehen des Pfarrberufs: Mehrere Meinungsforschungsinstitute erheben das Ansehen von Berufen. Das ist wichtig, weil öffentlicher Kontakt in unserer Gesellschaft zuallermeist über die Berufsrolle entsteht. Wie viel Vertrauen dem:der Pfarrer:in entgegengebracht wird, ist vor allem auch deshalb von großer Bedeutung, weil Vertrauen selbst Gegenstand der pfarrberuflichen Kommunikation ist. Von 1991 bis 2018 ist das Vertrauen in die Kirchen von 40 % auf 28 % gesunken (fowid 2019).

Für den Erhebungszeitraum 1991–2018 kann das Institut für Demoskopie in Allensbach (fowid 2019) zeigen, dass ausschließlich kleinere und mittlere Unternehmen Höchstwerte erzielen: Große Institutionen erfahren eine Abwärtsbewegung, was das Prestige derjenigen angeht, deren Beruflichkeit mit der Institution verknüpft ist. Die Gesellschaft für Konsumforschung weist im Blick auf die fallenden Zahlen auf eine mögliche Korrelation mit den Mitgliederzahlen der großen Kirchen hin. Auffällig ist schließlich, dass die Zahl derjenigen, die den Kirchen ein »sehr hohes Vertrauen« entgegenbringen, über Jahrzehnte stabil bei 7–10 % liegt (fowid 2019).

Institutionen-vertrauen

Der demoskopische Blick zeigt: Das Berufsprestige der Berufsrollenträger:innen ist deutlich wirksamer als das Institutionenvertrauen. Einer Kirche könnte vor allem dann systemisch Vertrauen entgegengebracht werden, wenn sie als »klein« oder »mittelgroß« wahrgenommen werden würde. Aber auch darin wird es explizit religiöses Traditionsgut perspektivisch immer schwerer haben, verstanden zu werden, weil dessen Trägergruppen gesamtgesellschaftlich bereits jetzt wegbrechen.

In welchen Situationen verheimlichen Sie gern Ihren Beruf? Weshalb ist das so?

Zugleich sind in den evangelischen Kirchen eine Vielzahl von Menschen durch neben- und ehrenamtliche Tätigkeiten aktiv eingebunden und engagiert. Neben einer großen Zahl von Menschen in bezahlten kirchlichen Anstellungsverhältnissen wirken gut 1,068 Millionen Menschen ehrenamtlich mit (Evangelische Kirche in Deutschland 2021, 22). Ehren-
amtliche

So unterschiedlich die Kontexte sind: In allen Bereichen geht es darum, Vertrauen nicht zu verspielen. Es ist die Basis religiöser Kommunikation und die Währung, mit der in menschlichen Gemeinschaften gehandelt wird. Darum gehören auch Faktoren, die das Vertrauen verspielen, zu den Fakten im Pfarrberuf (und anderen kirchlichen Berufen): In den letzten Jahren ist mehr und mehr ans Licht gekommen, wo in den Kirchen Macht unrechtmäßig ausgeübt und Vertrauen verspielt wurde. Es gibt in der evangelischen Kirche Fälle sexualisierter Gewalt. Die Reichweite dieses Themas geht über die Ebene der Fakten hinaus und wird die Reflexion der Berufsrolle weiter begleiten. Die Kirchenleitungen haben überwiegend rasch und umfassend strategisch reagiert: Die bisher bekannt gewordenen Fälle werden aufgearbeitet. Landeskirchliche Beauftragte sowie die Arbeit, die auf der Plattform »www.hinschauen-helfen-handeln.de« gebündelt ist, geben Pfarrer:innen Informationen an die Hand, um standardisiert geeignete Schutzkonzepte für Gemeinden und Einrichtungen zu erarbeiten. Vertrauens-
verlust

Es bestehen weiterhin signifikant unterschiedliche Haltungen gegenüber Pfarrpersonen in Ost- und Westdeutschland. Studien betonen, dass der Unterschied in der Kirchenzugehörigkeit zwischen den westlichen und östlichen Bundesländern auffällig ist – 62 % im Westen gegenüber 37 % im Osten: Ost/West

> »Es ist ein Erbe der sozialistischen DDR, dass im Osten der Anteil an Konfessionslosen besonders hoch ist – obwohl das ostdeutsche Wittenberg als Wiege der Reformation gilt, deren 500. Jubiläum im Jahr 2017 begangen wurde« (GfK Verein 2018, 30).

Damit ist allerdings nicht mehr als der organisationale Rückhalt beschrieben: Oft verhält es sich gerade umgekehrt so, dass das Ansehen von Pfarrer:innen in kleinräumigen Regionen – Dörfern, Klein- und Mittelstädten – auch dann hoch ist, wenn es dort eher wenige Kirchenmitglieder gibt.

Kontex-
tualität

Diese unterschiedliche Einschätzung ist auch prägend für das eigene Verständnis des Berufes: Pfarrer:innen tun ihren Dienst entweder in einem Kontext, der durch die Geschichte der Bundesrepublik Deutschland oder durch die der Deutschen Demokratischen Republik geprägt ist. Dezidierte Vergleichsstudien stehen aus. Der zeitgeschichtliche Kontext des jeweiligen Verantwortungsbereiches spielt bis in Mikrokontexte hinein eine wichtige Rolle und prägt die Ausübung des Pfarrberufes. Aus unserer Sicht liegen Unterschiede vor allem in der Grundhaltung der jeweiligen Mehrheitsbevölkerung zu Staat und Demokratie sowie in der in Ostdeutschland deutlich weiter vorangeschrittenen Säkularisierung, aber auch in verschiedenen Entwicklungen der Theorie kirchlicher Berufe. Ebenso kann beobachtet werden, dass es unterschiedliche Kulturen in der Haltung zur Mitgliedschaftsentwicklung der Kirchen gibt:

»Für die Kirchen der ehemaligen DDR entwickelt sich die Erfahrung der Wende zu einer Lektion des minderheitlichen Im-Werden-Bleibens. […] Sie besteht bis heute darin, zu verstehen, dass minderheitlich werden gerade nicht bedeutet, mehrheitlich werden zu wollen. […] Kirchen sind als realpolitische Machtapparate traditionell mehrheitlich und damit […] konstantinisch verfasst« (Sagert 2021, 25 f.).

Arbeiten Sie probehalber (!) eine Woche lang so, als ob Sie frei von landeskirchenamtlichen Vorgaben Ihren Dienst ausüben könnten. Was ist anders und was bedeutet das?

Landes-
kirchen

Auf dem Gebiet der Bundesrepublik Deutschland gibt es derzeit zwanzig Landeskirchen. Drei davon liegen ganz oder zum größten Teil in Ostdeutschland (Evangelische Kirche Berlin-Brandenburg-schlesische Oberlausitz, Evangelische Kirche in Mitteldeutschland, Evangelische Landeskirche Anhalts), manche Kirchen liegen mehr oder weniger in beiden Landesteilen (Nordkirche, Evangelische Kirche von Kurhessen-Waldeck, Evangelisch-lutherischen Landeskirche in Braunschweig). Mit Ausnahme der Reformierten Kirche handelt es sich um Territorialkirchen. Das System von Landeskirchen ist demzufolge in Westdeutschland deutlich kleinteiliger als im Osten: Der etwa doppelten Fläche steht ein Vierfaches an Anzahl der Landeskirchen gegenüber. Dies lässt darauf schließen, dass der Konzeptionalisierungs- und Steuerungsgrad in Westdeutschland größer ist. Die Landeskirchen sind signifikant unterschiedlich groß (von etwa 28.400 Mitgliedern in Anhalt bis 2,4 Millionen in Hannover; Evange-

lische Kirche in Deutschland 2021, 8). Dies hat Einfluss auf die Dienst-
wege und Entscheidungsprozesse in den Landeskirchen: Die Pfarrstel-
leninhaber:innen werden mehr oder weniger gesehen, es gibt mehr oder
weniger Möglichkeiten der beruflichen Entwicklung.

Die Wirkmächtigkeit der 40-jährigen getrennten Geschichte in Ost-
und Westdeutschland wird in der Forschung unterschiedlich beurteilt:
Während zum Teil die mentalitätsbezogenen und zeitgeschichtlichen
Unterschiede im Kontext als so gravierend angesehen werden, dass man
von verschiedenen (Pfarr-)Diensten sprechen muss, halten andere die
berufsbezogenen Differenzen im Ost-West-Vergleich gegenüber der jahr-
hundertelangen gemeinsamen Tradition nach über 30 Jahren Wieder-
vereinigung der beiden deutschen Staaten für überwunden. Faktische
Unterschiede sind aber durchaus vorhanden und werden zum Beispiel an
zwei Punkten sichtbar: Bislang ist es formal nur in ostdeutschen Landeskirchen möglich, dass Angehörige anderer kirchlicher Berufe eine Pfarrstelle »versehen«. Zu den Fakten des Pfarrdienstes gehört auch, dass im
Osten Deutschlands 30 Jahre nach der Deutschen Einheit immer noch
geringere Pfarrgehälter gezahlt werden.

Andere Kirchen und Religionsgemeinschaften: Die evangelische Kirche
landeskirchlicher Prägung lebt inmitten anderer Kirchen und Religionsgemeinschaften. Dort stellt sich die Faktenlage zum Teil deutlich anders
dar: In Deutschland sind 12.565 römisch-katholische Priester tätig (Deut- ökume-
sche Bischofskonferenz 2021, 78). Allerdings kommt hier nochmal nahezu nischer
die gleiche Anzahl an Gemeinde- und Pastoralassistent:innen bzw. -re- Vergleich
ferent:innen sowie ständigen Diakonen dazu, die zum Teil vergleichbare
Aufgaben in den Pfarreien übernehmen. In jüdischen Gemeinden oder
den verschiedenen orthodoxen Kirchen in Deutschland verwirklicht sich
die öffentliche Repräsentanz im gesellschaftlichen Leben in einer sehr
viel kleineren Zahl an professionellen Mitarbeitenden (Rabbiner:innen
u. a.). Freikirchen leben oft in einer sehr großen Autonomie vor Ort mit
unterschiedlichen Leitungsstrukturen und Einstellungen zur Frage von
öffentlicher Repräsentanz und Verantwortung. In Deutschland gibt es
derzeit etwa 30 »traditionelle« Freikirchen, daneben eine Vielzahl von
Neugründungen kleiner Gemeinden und Initiativen. Neben internen Zusammenschlüssen (etwa der Vereinigung Evangelischer Freikirchen
[VEF]) arbeiten viele Freikirchen über den kollegialen Kontakt vor Ort
hinaus in der Arbeitsgemeinschaft Christlicher Kirchen (ACK) und/oder
der Evangelischen Allianz mit landeskirchlichen Pfarrer:innen zusammen.

In internationaler Perspektive wird deutlich, wie sehr der Pfarrdienst in Deutschland über institutionelle Verbindungen, sei es durch große Netzwerke wie den Lutherischen Weltbund oder den Reformierten Bund, durch Hilfswerke oder auch kleinere, zum Teil regionale Initiativen, in das Christentum weltweit eingebunden ist. Auf diese Weise sind Pfarrer:innen und Kirchengemeinden verwoben in einem weltweiten, im Wortsinn ökumenischen Netz kirchlicher Kommunikation. Dabei wird sichtbar: In anderen evangelischen Kirchen gibt es andere Organisationsformen theologischer Leitung als das Pfarramt in seinem typischen Gegenüber zu einem »Laiengremium«, wie etwa einem Kirchgemeinderat oder einem Kirchenvorstand. Die religiöse Situation in Deutschland wirft für den pastoralen Dienst die Frage auf, ob die historische (und geografische) Nähe zu den Wurzeln der reformatorischen Kirchen nicht zu lange hat übersehen lassen, auf je kontextuelle Faktoren angemessen und wirksam zu reagieren. In anderen Kirchen werden analog auch die Diskurse um Berufsbildprozesse anders geführt, als es in der deutschen akademischen Teildisziplin »Pastoraltheologie« gegenwärtig der Fall ist. Deshalb konzentrieren wir uns in diesem Buch auf die Situation des Pfarrberufs in deutschen evangelischen Landeskirchen und entsprechend auf das Gespräch mit deutschsprachigen evangelischen Pastoraltheologien.

Pfarrer:innen arbeiten gegenwärtig in einer Kirche, die sich auf der Schwelle von einer Institution zu einer Organisation befindet. Wer in den vergangenen 20 Jahren im Pfarrdienst tätig war, wird die fortschreitende Entmonopolisierung der Kirche im Blick auf religiöse Dienstleistungen im konkreten Berufsalltag signifikant erlebt haben. Das betrifft alle Performanzbereiche: Es gibt freie Kasualien, säkulare Seelsorge, nichtkirchliche Jugendfeiern und zahlreiche zivilgesellschaftliche Angebote der Vergemeinschaftung. Sinnangebote werden nicht mehr nur von kirchlichen Großinstitutionen erwartet. Der Sog zur Organisationsförmigkeit der Kirchen kommt also in allererster Linie von außen auf sie zu, weil der Institution nicht mehr zwingend die Zuständigkeit für religiöse Deutungen und Inszenierungen zugesprochen wird. Es ist also längst keine individuelle Entscheidung einer einzelnen Pfarrperson mehr, ob sie ihren Dienst in Verbindung zu Marktlogiken religiöser Dienstleistungen versteht oder nicht. Pfarrer:innen stellen sich in unterschiedlicher Weise darauf ein. Selbst bei Aufgaben, für die der Pfarrberuf bislang standardisierte Vollzüge ausgebildet hat, müssen Pfarrer:innen heute in (post-) modernitätstypischen Spannungsfeldern situationsgerecht agieren.

internationale Perspektive

von der Institution zur Organisation

Konkurrenz durch andere religiöse Dienstleister?

(post-) modernitätstypische Spannungsfelder

Zur Situation in Deutschland gehört gegenwärtig beispielsweise, dass freie/weltliche Trauerfeiern in vielen Regionen des Landes zur Normalität geworden sind. Vor allem im Osten der Republik überwiegen sie im Regelfall quantitativ gegenüber kirchlichen Trauerfeiern und werden oft auch in Kirchgebäuden abgehalten. Auch im Bereich von Trauungen boomt ein freier Markt. Bei insgesamt seit Jahren konstanten Zahlen im Blick auf die Eheschließung (mit einem Anstieg seit 2017 im Zuge der Einführung der rechtskräftigen Eheschließung für gleichgeschlechtliche Paare), sinken die Trauzahlen in den verfassten Kirchen: Sei es, dass Brautpaare mit Affinität zum religiösen Ritus heiraten, ihre Mitgliedschaftsverhältnisse dem aber entgegenstehen – etwa wenn beide Ehepartner:innen nicht Mitglieder einer evangelischen Kirche sind. Umgekehrt ist der Zusammenhang von Zugehörigkeit und Nachfrage nur lose. Sei es, dass sie sich religiös indifferent verhalten und sich nicht mehr einer traditionellen Konvention, kirchlich zu heiraten, verpflichtet fühlen. Dazu kommen Paare, die überhaupt ausschließlich standesamtlich heiraten.

Analoge Situationen lassen sich auch für weitere biografische Meilensteine aufzeigen: Begrüßungsfeiern und Kindersegnungen statt Taufe, Jugendweihe und Initiationsriten statt Konfirmation. Einschulungsfeiern, die nunmehr nicht multireligiös stattfinden, sondern mit »säkularem Segen« werben. Freilich sind die Grenzen nicht so scharf wie die Terminologie suggeriert: Am Beispiel der sogenannten »Lebenswendefeiern« in Halle (Saale) wird exemplarisch deutlich, wie Kirchenmenschen säkulare Suchbewegungen konstruktiv aufnehmen (Krinke 2019). Hier wird in Verantwortung von Pfarrer:innen ein Ritual gestaltet, das in Netzwerklogiken und quer zu Konfessionen und Zuständigkeiten zivilgesellschaftliche Anliegen aufnimmt.

Ausgehend von biografischen Anlässen hat sich säkulare Seelsorge im Sinne einer Seelsorge unabhängig vom religiösen Hintergrund etabliert. Kirchlicherseits wurde dies oft missverstanden, als sei »Seelsorge an säkularen Menschen« gemeint. Auch im Bereich des Lehrens und Lernens existiert ein weites Feld religiöser Anbieter unabhängig von den Kirchen. Für Nutzer:innen ist oft kaum erkennbar, ob ein Angebot institutionell kirchlich getragen ist oder nicht. Das verstärkt den Eindruck, als sei es irrelevant, welcher Träger ein religiöses Angebot verantwortet – Hauptsache, »es passt für mich«.

> Ein Gedankenexperiment: Wollen Sie für Ihre religiösen Dienstleistungen werben? Werben Sie für Taufen und Trauungen? Wie tun Sie das? Falls Sie es nicht tun: Was hindert Sie daran?

Pfarrberuf als Teil der Institution Kirche: Pfarrer:innen nehmen sich selbst anders wahr, als sie von anderen gesehen werden. Gesamtgesellschaftlich gibt es ein schwindendes Vertrauen in Institutionen, an dem Pfarrer:innen Anteil haben. Wer einen Zusammenhang zwischen einer Pfarrperson

Selbst- und Fremdwahrnehmungen

und der Kirche herstellt, verbindet damit nicht selten ein Klischee eines vermeintlich vormodernen Wertkonservatismus. Es überwiegt statistisch gesehen demgegenüber aber sogar die Einstellung, dass Institutionen überhaupt als irrelevant angesehen werden. So zeigen Jugendstudien der letzten Jahre – repräsentativ für die Alterskohorte von 19 bis 27 Jahren, für Stadt/Land und Ost/West –, dass Institutionen wie etwa auch Parteien überhaupt keine Rolle mehr für das eigene Leben spielen. Sie gelten schlicht als irrelevant. Wenn oft das Stichwort »Ich« fällt, ist damit kein Egoismus gemeint, sondern vor allem das Bewusstsein, dass alles Erfahren und Entscheiden auf dem:der Einzelnen liegt (Endewardt/Wegner 2018, 34–36). Institutionen werden zunehmend irrelevant, nicht aber ihre Themen. Führt dies etwa im politischen Bereich zu öffentlichen Graswurzelbewegungen wie #fridaysforfuture oder zu hohen Klickzahlen für Influencer:innen, die sich institutionstypischer Themen annehmen, so scheinen religiöse Themen nahezu zu verschwinden, weil sie aufgrund ihrer personspezifischen Aneignung im Regelfall nicht auf die Straße führen. Die Reichweite kirchlich verantworteten Influencings und Podcastings ist vergleichsweise gering: Themen, die ehedem als »typisch kirchlich« galten, wird abgekoppelt vom institutionellen Gepräge Glaubwürdigkeit zugestanden. Gesellschaftsöffentliches Gedenken wird auch ohne kirchliche Beteiligung denkbar und möglich. Dadurch sind Pfarrer:innen in der (medialen) Öffentlichkeit an zentralen Stellen weniger sichtbar.

Pfarrpersonen haben es also oft auch mit Menschen zu tun, die von Kirche so wenig wissen bzw. für die die professionsspezifischen Leitungstätigkeiten so weit im Verborgenen liegen, dass ihnen gar nicht bewusst ist, dass sie es bei Geistlichen mit akademisch qualifiziertem Führungspersonal einer Großinstitution zu tun haben. Vielmehr werden sie mit überholten Werten konfrontiert, die ihnen selbst fremd sind. Das hat zur Folge, dass Pfarrer:innen hohe Kommunikationsaufwände haben, um überhaupt erst einmal Missverständnisse aus dem Weg zu räumen, wofür sie stehen. Denn diese Fremdwahrnehmung steht im direkten Widerspruch zum eigenen Anspruch von Pfarrer:innen, je individuell und situativ angemessen eine religionsproduktive Situation zu befördern.

Die Koppelung des Pfarrberufs an die Institution wird ambivalent wahrgenommen – sowohl von Dritten als auch von Pfarrstelleninhaber:innen selbst. Gleichwohl gibt es Pfarrer:innen Sicherheit, Teil einer Institution zu sein, die sie beauftragt. Die Institution übernimmt stellvertretend für alle Pfarrer:innen Kontakte in andere Funktionsbereiche der

Marginalien:
Schwindendes Institutionenvertrauen

Führungspersonal

Ambivalenzen

Sicherheit der Institution

Gesellschaft, etwa durch Spitzengespräche mit Politik, Wirtschaft und Recht. Sie schafft Öffentlichkeiten, an denen Pfarrer:innen an ihren jeweiligen Einsatzorten partizipieren. Die Institution bildet eine Berufsstruktur (»Das ist eine Pfarrerin«), sie prägt Standards aus (»So geht das bei uns«) und hält sie im Gespräch (»Ist das sachlich angemessen, was wir tun?«). Die konkrete Autonomie, die Pfarrer:innen in ihrer Berufsgestaltung genießen, beruht auf einem öffentlich-rechtlichen Dienst- und Treueverhältnis (PfDG § 2) und der entsprechend vorgesehenen Besoldung. Die Institution besoldet Pfarrer:innen dabei so, dass es zumindest partiell Möglichkeiten gibt, aus der neoliberalen Logik der Gesellschaft auszusteigen und exemplarisch zu handeln. Vereinzelt machen Pfarrer:innen in einigen Landeskirchen von der Möglichkeit Gebrauch, im Angestelltenverhältnis tätig zu sein, obwohl es dafür von den individuellen Voraussetzungen her keine Notwendigkeit gibt. Pfarrer:innen haben die Freiheit, ihren Dienst zumindest teilweise so zu tun, dass er marktwirtschaftlich nicht rentabel ist: Am deutlichsten wird das etwa bei Besuchen von alten und kranken Menschen oder Menschen in prekären Situationen. Pfarrer:innen sind in ihrem Ordinationsversprechen ausdrücklich aufgefordert und ermutigt, so zu handeln und sich den Menschen zuzuwenden, die in der gesellschaftlich vorherrschenden Logik aus dem Blick geraten.

Pfarrdienstverhältnis

> Wann war etwas, was Sie in Ihrer beruflichen Rolle gesagt oder getan haben, ein richtiges öffentliches Ärgernis?

Umgekehrt können Menschen genauso eine:n Pfarrer:in aufsuchen, die einen Freiraum vom gesellschaftlichen Zugriff benötigen: Im Kontext von Seelsorge-, Beichtgeheimnis und Zeugnisverweigerungsrecht sorgt die Institution Kirche so dafür, dass Pfarrer:innen Menschen in Bereichen dienlich sein können, die dem Einfluss staatlicher Sanktionen grundsätzlich entzogen sind. Diesen Raum verantwortungsvoll zu gestalten, um persönliches und gesellschaftliches Vertrauen nicht zu verspielen, ist eine besondere Aufgabe für Pfarrer:innen. Anders verhält es sich mit dem Sozialraum: Dass Pfarrer:innen innerhalb eines bestimmten Territoriums oder Zuständigkeitsbereichs oder für ein abgegrenztes Thema da sind, gilt weitgehend als unstrittig. Dabei ist es eine konzeptionelle Frage, ob etwa eher die Parochie im Blick ist (und sich der Pfarrberuf auf die – realen oder potenziellen – Mitglieder bezieht) oder ob der Sozialraum im Ganzen (alle an diesem Ort, in dieser Einrichtung präsenten Menschen

Sozialraum

sind im Blick) gemeint ist. Je nach Ausrichtung erfahren Pfarrer:innen auch eher Anfragen und Rückmeldungen hinsichtlich ihrer Arbeit von Kirchenmitgliedern oder zivilgesellschaftlichen Akteur:innen überhaupt.

Pfarrberuf im Sozialraum: Untersuchungen, die Kirchengemeinden in ihrer zivilgesellschaftlichen Kontextualisierung analysiert haben, konnten zeigen, dass die zivilgesellschaftlichen Akteure die Kirche – und damit auch der Pfarrer:innenschaft – zumeist mit großer Anerkennung für ihre sozialräumliche Arbeit ansehen, vor allem im Bereich Diakonie. Dabei sind es insbesondere Ressourcen- und Qualitätsmerkmale, die für die positive Bewertung ins Feld geführt werden: Sie

Ressour-
cen- und
Qualitäts-
merkmale

> »werden als Kooperationspartnerinnen geschätzt, da sie über Räume sowie personelle und finanzielle Ressourcen verfügen, in der Moderation geübt sind, viele Ehrenamtliche motivieren können und oftmals logistisch gut aufgestellt sind« (Ohlendorf/Rebenstorf 2019, 244).

Im Ganzen gibt es von außen eine tendenziell pragmatische Beurteilung kirchlichen Engagements in der Zivilgesellschaft und eher eine Distanz gegenüber seiner religiösen Ausrichtung. Demnach solle sich die Kirche »möglichst säkular« verhalten und explizit religiöse Angebote auf ihre eigenen Mitglieder beschränken. Als Anforderung für den:die Pfarrer:in ergibt sich daraus nicht nur seine:ihre Brückenfunktion zwischen Menschen, die sonst nicht zueinanderkämen, sondern es ginge ihm:ihr auch darum, Gelegenheiten zu identifizieren, religiöses und soziales Engagement zu koppeln – und dies bereichssensibel zu kommunizieren. Pfarrer:innen sind de facto vielfach herausgefordert, Schwellen zu überschreiten und sich so weit zu »entäußern«, dass Kirche als sozialräumliche Akteurin weitgehend barrierefrei wahrgenommen wird.

> Wann haben Sie als Pfarrer:in das letzte Mal »einfach nur so«, ohne einen Termin im Kalender, mit jemandem gesprochen?

Bereits jetzt gibt es Pfarrstellen, die programmatisch einem Sozialraum zugeordnet sind. Oft ist es hier eine Aufgabe, das Dienstprofil einer Pfarrstelle überhaupt erst mit den Menschen vor Ort zu entwickeln. Schon dadurch wirken Pfarrer:innen an religiöser Kommunikation und am Aufbau der Kirche mit. Landeskirchen reagieren auf die erhöhten Formatierungsanforderungen dieser quartierbezogenen Pfarrstellen ge-

quartier-
bezogene
Pfarrstellen

legentlich mit einer »Entsendung zu zweit«, die den dialogischen Charakter dieser theologischen Entwicklungsprozesse ernst nimmt. Die Frage nach dem »Why« (Sinek 2014) zu stellen, ist dabei vor allem für Berufsrollenträger:innen der Generation Y (in den 1980er- und 1990er-Jahren Geborene) naheliegend. In dieser für volkskirchliche Konzepte ungewöhnlichen Arbeitsweise, wie sie von Pfarrer:innen an diesen Stellen gefordert ist, zeigt sich die Nähe zu alternativen oikodomischen Formen wie Fresh X u. a. Inwiefern die Erfahrungen aus dieser Arbeit von Pfarrer:innen modellbildend sind und nicht allein als Konkurrenz zu parochialen Planstellen angesehen werden, ist zum jetzigen Zeitpunkt noch nicht abzusehen. Derzeitige Vermittlungsversuche zwischen ortsstabilen Pfarrstellenkonstruktionen und eher fluideren Formen stellen sich etwa so dar, dass der Parochiebegriff sehr weit gefasst wird, sodass er faktisch den Sozialraum integriert. Allerdings klärt auch dies nicht die Frage, wie sich die formale Mitgliedschaft zur Organisation Kirche zum gesamtgesellschaftlichen Auftrag verhält – zumal dann, wenn Solidarität als Mitgliedschaftsmotiv gesellschaftlich mehrheitlich in Vergessenheit gerät. Eine einlinige Koppelung der Pfarrstellenbemessung an eine bestimmte Anzahl von Kirchenmitgliedern ist zwar aus Sicht der Organisationsförmigkeit von Kirche nachvollziehbar, dürfte aber zukünftigen Herausforderungen kaum mehr allein gerecht werden. Einige Landeskirchen reagieren auf diese Veränderungen so, dass sie Gemeindeformen jenseits von Parochie und klassischen funktionalen Diensten rechtlich ermöglichen; in einigen Regionen wird etwa erprobt, Pfarrer:innen durchgängig nicht einer Parochie oder einem besonderen Dienst, sondern einem Kirchenkreis als mittlerer Steuerungsebene zuzuordnen. Inwieweit Pfarrer:innen fähig sind, in sozialen und religiösen Netzwerkstrukturen zu agieren, dürfte zukünftig mehr denn je ausschlagend dafür sein, in welcher Weise sich Kirchlichkeit an verschiedenen Orten unterschiedlich weiterentwickelt.

> Wie sieht ein Netz aus, in dem Sie sich nicht verheddern? Machen Sie ein Foto und verwenden Sie es vier Wochen lang als Bildschirmhintergrund.

Der Übergang von einer Volkskirchlichkeit zur »Kirche bei Gelegenheit« (Nüchtern 1991) ist jedenfalls, was die Rolle von Pfarrer:innen angeht, begleitet von einer Entwicklung zur Moderation, Assistenz, Begleitung und Versprachlichung individuellen religiösen Erlebens durch Pfarrer:innen (und andere kirchliche Berufsrollenträger:innen sowie die Gemeinde überhaupt). Dies geschieht gegenwärtig im Kontext der Freiheit und Verbindlichkeit einer immer noch großen öffentlichen Institution. Pfarrer:innen moderieren diese Aushandlungsprozesse nicht nur, sondern bringen zugleich ihre theologische Haltung und religiöse Überzeugung sowie ihre eigene Ästhetik mit ins Spiel. Erwartungen sind vielfältig, Rituale fluide, Regeln und Verabredungen stehen regelmäßig auf dem Prüfstand. Sogar die, die sagen, dass doch bitte alles sein möge »wie immer«, tun dies bewusst als individuelle Entscheidung. Das macht ohnehin komplexe Situationen zusätzlich kompliziert und fordert Pfarrer:innen besonders heraus.

Digitalisierung: Digitalisierung und pandemische Situation zeigen in einem Brennglas, wie sich – auch religiöse – Kommunikation und Inszenierung in privaten und halböffentlichen Räumen neu Platz verschaffen. Religiosität ereignet sich – und unter diesen Bedingungen besonders sichtbar – zwischen Bits und Bytes, in Küchen und Wohnzimmern. Seelsorge und Gebet im Chat werden genauso selbstverständlich wie gemeinsames Brotbrechen um den Küchentisch mit dem aufgeklappten Laptop an der Seite und der Familiengottesdienst im Kinderzimmer. In welcher Weise Pfarrer:innen hier nicht allein »mittun« (etwa durch Mailpostillen, Whatsapp-Predigten und Videogottesdienste), sondern ermöglichend tätig sind, ist derzeit noch nicht ausgemacht.

> Wenn Sie »in Häuser« gehen: Erkunden Sie dort, wo Spuren des Religiösen sind – Artefakte, Gewohnheiten, Krümel, Erinnerungen. Was lernen Sie dort von den Menschen?

Deutlich ist, dass Pfarrer:innen unterschiedlich (re-)agieren. Manche hoffen, dass digitale Tools einfach ein vorübergehender Notbehelf in Pandemiezeiten gewesen sein werden und es eine Rückkehr zur »alten Normalität« geben wird. Sie unterstützen dies, indem sie nach Wegen suchen, weiterhin das zu tun, was sie bisher getan haben. Andere übertragen das, was sie bisher getan haben, in ein anderes Medium, verändern die Formen aber nur wenig. Dritte schließlich suchen – entweder aufatmend oder aus Notwendigkeit – nach neuen Formen. Sie probieren oder verstärken flexibel neue oder ungewohnte Rollen – manche auch in dem Bewusstsein, dass sich in diesen Prozessen eine veränderte Theologieproduktivität zeigen wird. In all dem zeigt sich auch, inwiefern

---

Marginalien:

Aushandlungsprozesse

Rolle des Ermöglichens

Akzelerationismus oder Entschleunigung?

Pfarrer:innen entweder gesamtgesellschaftliche Strömungen produktiv aufnehmen oder sich eher einem gegenkulturellen Impuls verpflichtet sehen.

Ressourcendruck: Das Primat ökonomischer Argumentationsmuster in der Gesellschaft führt leicht dazu, diese Struktur auf kirchliches Handeln zu übertragen. Das ist insofern *auch* notwendig, als Pfarrer:innen zwar keine Unternehmer:innen des Evangeliums sind, vielmehr aber Haushalter:innen der *oikonomia* Gottes, die allerdings in einer Marktwelt ansichtig werden soll. So ist es eine Frage der Perspektive und Gewichtung in diesem Spannungsfeld, ob die Güter der Kirche als reich und vielfältig angesehen werden. Eine Mehrzahl kirchlicher Verantwortungsträger:innen spürt jedoch – zum Teil zeitgleich zu diesem Reichtum – einen massiven Ressourcendruck, der das alltägliche Entscheidungsverhalten prägt. Die evangelischen Kirchen in Deutschland werden zukünftig mit so viel weniger Personal und weniger Immobilien auskommen, dass schon aus diesem Grund strukturelle Maßnahmen und programmatische Prioritärentscheidungen unumgänglich sein werden. Als Mitentscheidende vor Ort (gemeinsam mit Kirchenvorständen oder Kirchgemeinderäten) treffen Pfarrer:innen oft auf Kulturen, die darin nicht eingeübt sind. Nicht alle Ausbildungsgänge zum Pfarrberuf machen *Change Management* als theologische Leitungsaufgabe des Pfarrberufs explizit. Dabei gilt doch: »Vikar*innen werden in einer Kirchenstruktur ausgebildet, zu deren Überwindung sie voraussichtlich beitragen müssen, um die Kommunikation des Evangeliums zu fördern« (Grethlein 2021, 543).

Haushalter:innen der *oikonomia* Gottes

Reichtum und Ressourcendruck

Change Management als theologische Leitungsaufgabe des Pfarrberufs

Was an Veränderungen ist es, das Ihnen Angst macht? Wie gehen Sie damit um?

Ökonomische Logik bedeutet nun allerdings mehr als der Umgang mit Geld und Finanzen. Mit ihr ist zugleich das Thema »Vertrauen« aufgerufen – Menschen müssen sich und das, was sie haben, investieren und riskieren. Sie treten füreinander ein und tauschen. Die Marktlogik verheißt Ausgleich und schürt zugleich die Befürchtung, dass es nicht gerecht zugehen könnte. Sie bedient eine Wachstumslogik, die oft gegenläufig zum Erleben in der pastoralen Praxis ist. Zugleich ist auch die Sprache der Kirche bedroht, sich einer konsumistischen Redeweise zu bedienen: Dann geht es weniger darum, was ich eigentlich sage, sondern wie ich überhaupt spreche, um andere zu erreichen, um »etwas« möglichst gut zu verkaufen, um möglichst »gut anzukommen« (vgl. Sagert 2021, 73–81). Wünsche nach Fortschritt und die Angst vor Abstieg gehören genau in dieses Denken. Mit ihnen sind Pfarrer:innen in ihrer eigenen Arbeit tagtäglich konfrontiert. Parallel verläuft eine Entwicklung, die Postwachstumstrends als Lösung der großen Zukunftsaufgaben anbietet.

2006 erschien im Auftrag der EKD das Papier »Kirche der Freiheit. Perspektiven für die Evangelische Kirche im 21. Jahrhundert«. Es hat die Debatte in diesem Feld nachhaltig polarisiert.

Mit dem Bild einer profilierten, beweglichen und nach außen hin orientierten Kirche wurden acht Herausforderungen benannt, für die man sich mit großem Optimismus organisationale Lösungen erhoffte: Sichtbarkeit und Konzentration, Teilhabe und Engagement, gar thematisches Trendsetting erschienen am Agenda-Horizont. Aus diesen Zielen leitete das Papier ein normatives Pfarrbild ab. Schon allein deshalb war die Rezeption unter Pfarrer:innen umstritten (vgl. Kirchenamt der Evangelischen Kirche in Deutschland 2006).

Seitdem ist die Euphorie, durch Organisationswerdung der Kirche Mentalitäten und Glaubenseinstellungen zu verändern, zunächst merklich gedämpft worden. Konzentrierende Strukturprozesse und kirchliche Bindung durch kleinräumige Erreichbarkeit sind in ein Spannungsverhältnis getreten, das oft nicht ideologiefrei kommuniziert wird.

13 Jahre nach dem Versuch eines organisationsoptimistischen Struktur- und Mentalitätswandels durch den Impuls der »Kirche der Freiheit« hat das Freiburger »Forschungszentrum Generationenverträge« im Frühsommer 2019 eine Mitglieder- und Kirchensteuerprojektion vorgelegt. Sie prognostiziert einen Rückgang der finanziellen Ressourcen sowie der Anzahl der Mitglieder bis zum Jahr 2060 um 50 % (Peters/Gutmann 2021).

Freiburger Studie

Die Studie wurde von der evangelischen und katholischen Kirche in Auftrag gegeben. In der Sache überraschten die Zahlen kaum, lösten aber zahlreiche Denkbewegungen aus. Dies vor allem deshalb, weil – so die vermutlich wesentliche Pointe der Projektion – die sogenannten »kirchenspezifischen Faktoren« der Mitgliederentwicklung (Taufen, Ein- und Austritte) demnach größer zu veranschlagen sind als demografische Faktoren. Freilich darf hier nicht übersehen werden, dass die Studie dezidiert organisationslogisch und eben in jenen »harten« Mitgliedschaftsverhältnissen denkt, die in der Wirklichkeit schon weitestgehend von fluiden Zugehörigkeitsmentalitäten abgelöst sind, welche theologisch noch gar nicht hinreichend eingeholt sind. So legt die Studie nahe, beeinflussbare Zusammenhänge vor allem im Bereich der Konfessionalität junger Eltern (v. a. Mütter) zu suchen sowie im Bereich der 25–35-Jährigen (v. a. Männer), die eine signifikant höhere Neigung zum Kirchenaustritt haben als andere Altersgruppen.

Diese Prognose provoziert nun jüngst zu neuen Ansätzen, Kirche fokussiert mitgliederorientiert zu gestalten. Damit wird die Kirchenentwicklung allenfalls lose mit dem Pfarrberuf verknüpft – ausschlaggebend ist die Mitgliederorientierung, die etwa auch Auswirkung auf die Finanzflüsse innerhalb der Landeskirche hat.

Neben einem kirchenleitend initiierten Leitbildprozess der Evangelischen Kirche von Kurhessen-Waldeck, der sich maßgeblich an »theologischen Grundaufgaben« für die Rollenträger:innen kirchlicher Berufe orientiert, hat sich beispielsweise die Kirchenleitung der Evangelischen Kirche im Rheinland im Herbst 2021 mit »E.K.I.R. 2030. Wir gestalten ›evangelisch rheinisch‹ zukunftsfähig« entsprechend positioniert. Demnach habe eine verbreitete »Resonanzkultur« in der evangelischen Kirche die Umsetzungsprobleme von Reformen verstärkt. Nun sei es an der Zeit, zu einem ursprünglichen kirchlichen Selbstverständnis zurückzukehren, das vor allem durch ein hohes Maß an Beteiligung aller gekennzeichnet sei. Dies erfolgt in den »fünf Säulen« mit Mitgliederorientierung als Schwerpunkt sowie weiterhin Organisation, junge Generation, Digitalisierung und Vernetzung. Zusammenfassend betrachtet werden die Erkenntnisse aus der mitgliederorientierten Kybernetik der 2000er-Jahre mit der Matrix von Agilität und Start-up-Kultur neu gelesen. Es soll dasjenige gefördert werden, was am stärksten Mitgliedschaft begründet und taugliche Marken schafft, ohne dass Posterioritäten benannt werden. Welche spezifischen Rollen und Aufgaben Pfarrer:innen dabei zukommen, lässt das Papier offen. Oft werden sie im Zusammenhang mit Presbyterien und anderen kirchlichen Akteuren gemeinsam als potenzielle Umsetzer:innen innerhalb einer Netzwerkstruktur genannt. Dabei geht es zunächst darum, Modellregionen zu identifizieren und zu fördern, in denen Pionier:innen der Veränderung tätig sind.

Fokus: attraktive Ausstrahlung der Kirche

Pionier:innen einer gesamtkirchlichen Haltungsänderung

Auffallend ist, dass Impulse, auf Ressourcendruck mit Mitgliederorientierung zu reagieren, vorwiegend von Kirchenleitungen ausgehen. Gegenwärtig bleibt abzuwarten, ob der Hope-and-change-Impuls der Kirchenleitung sich in einer Weise auf die Pfarrerschaft überträgt: Entfalten sich die Ideen eines mitgliedergesteuerten Finanzflusses oder gemeindlicher Mixed-Economy-Modelle wirksamer als der mittelfristig höhere Konkurrenzdruck um Mitglieder und Mittel sowie die neuen Belastungen, die durch den zusätzlichen Steuerungsverlust entstehen dürften?

Orientieren sich Pfarrer:innen in ihrem Verantwortungsbereich primär an Nutzer:innen, sind sie oft noch mit negativen Anreizen, etwa im Blick auf Haushaltsmittel, kirchliche Lebensordnungen und die Logiken der Kirchenmitgliedschaft konfrontiert.

> Denkanstöße: Was bedeutet für Sie »Attraktivität«? Wenn Sie heute der Kirche »beitreten« müssten – weshalb würden Sie es tun?

Pfarrberuf im Kontext von Singularisierung: Die gegenwärtige Situation in Deutschland ist nicht nur von Individualisierungs-, sondern auch von Singularisierungsprozessen geprägt. Diese Singularisierungsprozesse treten nie getrennt von der Vorstellung einer Logik des Allgemeinen auf. Dem Prozess der Singularisierung (Reckwitz 2017) entspricht zudem eine »Ökonomie des Besonderen«. Das liegt an einer Verzahnung modernitätstypischer Spannungsfelder: »Das *doing generality* verzahnt sich häufig mit dem *doing rationality,* das *doing singularity* mit dem *doing value*« (Reckwitz, in: Reckwitz/Rosa 2021, 79).

(Margin note:) Singularisierung

Wir verwenden dieses soziologische Modell in unserer Darstellung als Referenz, die nicht allein ökonomische Prozesse im Blick hat, sondern das gesellschaftliche Leben als Ganzes beschreiben will. Gleichzeitig macht es spezifische Herausforderungen des Pfarrberufs sichtbar. So meint Singularisierung in einem engeren Sinne Folgendes:

> »Die spätmoderne Ökonomie ist mehr und mehr an singulären Dingen, Diensten und Ereignissen ausgerichtet, und die Güter, die sie produziert, sind zunehmend solche, die nicht mehr rein funktional, sondern auch oder allein kulturell konnotiert sind und affektive Anziehungskraft ausüben« (Reckwitz 2017, 7 f.).

Wenn gegenwärtig Singuläres Konjunktur hat, schärft die ökonomische Logik des Besonderen den pastoralen Blick dafür, wo sich derart Singuläres an Religiösem ereignet und ins Spiel gebracht werden will: »Die Welt der singulären Produkte zu beschreiben, bedeutet nicht, etwas Verborgenes aufzudecken, sondern die Merkwürdigkeit dessen wiederzuentdecken, was uns allzu vertraut ist« (Karpik 2011, 20). Weil Singuläres wie Kunstwerke, kulturelle Erzeugnisse oder freie Dienstleistungen behauptet, nicht verglichen werden zu können, ist es komplex, ungewiss und überraschend. Es gibt Rätsel auf. Singuläres zu tauschen, bedeutet: auf ein Versprechen hin zu handeln. Auch die Aufmerksamkeit von Menschen unterliegt einer Ökonomie, vielleicht als einem der wertvollsten Güter, weil sie unabweisbar begrenzt ist – im Unterschied zu den Möglichkeiten, die scheinbar unendlich zur Verfügung stehen. Zugleich stellt das Singuläre Pfarrer:innen vor die Herausforderung, genau solche besonderen Güter zu demokratisieren und möglichst vielen Menschen zugänglich zu machen. Diese vielen Menschen stehen vor der Auswahl einer irritierend großen Anzahl von Gütern, die sich teilweise kaum »von außen« unterscheiden lassen, jeweils aber ihre Singularität behaupten. Diese Situation betrifft auch religiöse Angelegenheiten. Während christliche Theologie einerseits sagt, dass Menschen, die vom Glauben existenziell betroffen sind, sich eigentlich nicht mehr dagegen entscheiden können, mit ihm zu tun zu haben, leben wir andererseits in einer Gesellschaft, in der Menschen eine Vielzahl von Heilsgütern zugänglich zu sein scheint, viele von ihnen mit transzendenten Verheißungen. Pfarrer:innen kommunizieren immer auch innerhalb dieses theologisch-organisationalen Dilemmas. Der behauptete Vorzug des Theologischen ist gegenwärtig nicht mehr zwangsläufig überzeugend. Zusätzlich gibt es eine verbreitete Skepsis innerhalb des Berufsstandes gegenüber den wirksamen Logiken des Ökonomischen. Das betrifft auch die Motivationen, mit denen Menschen wählen:

> »Das Unterschiedliche mit unterschiedlichen Qualitäten trifft auf eine Kultur, die unterhalten werden will, in der auch genügend Zeit vorhanden ist, solche postmaterialistischen Kriterien zu den entscheidenden Kriterien zu machen« (Nassehi 2021, 291).

Dass der christliche Glaube Menschen auch erfreut und »unterhält«, ist ein Gedanke, der noch nicht überall erschlossen ist, wo auch die Rede davon ist, dass Pfarrer:innen »lediglich« Entertainer:innen oder ästhetisches Beiwerk seien.

Wann fühlen Sie sich gut unterhalten? Würden Sie wollen, dass Menschen dieses Gefühl auch in der Kirche erleben? Falls ja: Wie geht das? Falls nein: Woran liegt das?

In diesem Zusammenhang gehören auch all jene Überlegungen, die den:die Pfarrer:in als Dienstleister:in in religiösen Dingen verstehen: Sie gehen davon aus, dass Pfarrpersonen Hermeneut:innen der je einzigartigen Situation sind, auf die hin sie religiöse Rituale und Kommunikations-

Hermeneut:innen des Einzigartigen

formen gestalten. Pfarrer:innen sind gleichsam Mäeut:innen und Übersetzer:innen des Religiösen aus der Ahnung eines Allgemeinen in die je besondere Situation.

> Erwerben Sie ein »personalisiertes Produkt« – etwas, was eigens für Sie angefertigt wird. Beobachten Sie sich dabei und notieren Sie anschließend, was Sie erlebt haben. Was erlebt eine Tauffamilie?

*Pfarrberuf
und die Welt
im Wandel*

Pfarrberuf im »Reformstress«: Die Beschreibung einer Welt »im Wandel« nimmt auf, dass die Bedingungen, unter denen Menschen leben, Veränderungen unterworfen sind und verändernd gestaltet werden können. Da dies – im Regelfall – schleichend und langsam geschieht, ist »Wandel« der unmittelbaren Wahrnehmung entzogen. Gepaart mit ideologisierter, vereinnahmender Rede von »Veränderung«, die sich als »Reformstress« anfühlt, gibt es im institutionellen Kontext eine Tendenz, sich von Wandel zu distanzieren oder ihn überhaupt nicht angemessen zur Kenntnis zu nehmen. Das betrifft auch die Kirche. Das Gefühl, man habe immer von Veränderung gesprochen, ohne dass – im Nachhinein betrachtet – etwas geschehen sei, immunisiert gegenüber Prozessen, die exponentiell oder disruptiv und nicht unmittelbar wahrnehmbar sind. Ulrich Beck (2017, 15–16) rät deshalb, anstelle von Wandel von »Metamorphose« zu sprechen:

*Reformstress
Metamorphose*

> »Die ewigen Gewissheiten moderner Gesellschaften brechen weg, und etwas ganz und gar Neues tritt auf den Plan […]. [Das] Starren auf Lösungen macht uns jedoch blind für die Tatsache, dass [z. B.] der Klimawandel längst ein Akteur der Metamorphose ist. Er hat die Art und Weise unseres In-der-Welt-Seins bereits verändert – unseren Alltag, unsere Vorstellungen von der Welt, unsere Art, sie durch soziales und politisches Handeln beeinflussen zu wollen«.

> Sammeln Sie ein paar Dinge, die bitte immer so bleiben mögen, wie sie sind. Legen Sie sie zur Seite und schauen Sie in genau vier Wochen wieder nach ihnen.

Megatrends

Die Veränderungen, die derzeit im Blick sind, sind Ergebnisse lang andauernder Prozesse, der sogenannten Megatrends. Themen wie Gesundheit, Sicherheit, Mobilität betreffen alle. Sie sind in Krisensituationen robust. Diese Megatrends sind nicht nur nie neu, sondern auch besonders affin zu Grundthemen der christlichen Theologie: Zentral sind Fragen der Anthropologie und Ethik, des Verhältnisses zur Mitwelt und zum umgebenden Raum.

Pfarrer:innen sind Teil dieses Wandels. Zugleich nehmen sie immer schon theologisch dazu Stellung, wie Menschen arbeiten, was Gesundheit und Krankheit im Lichte christlicher Theologie bedeuten, welche Sicherheitsbedürfnisse Menschen prägen, in welcher Weise sie Vielfalt verstehen und leben. Die Vertrautheit mit diesen Themen, gepaart mit einem persönlich überschaubaren Nahbereich sozialer Interaktionen, unterstützt die Vorstellung einer stabilen Welt. Veränderungen erfolgen im Regelfall so schleichend, dass sie erst aus größerer Distanz wahrgenommen werden können. Umgekehrt erlauben vermeintlich plötzlich auftauchende Ereignisse wie etwa die pandemische Situation im Frühjahr 2020 einen Blick auf die Logik des Wandels, weil sie sie sichtbarer macht und beschleunigt. So wird deutlich, dass Themen wie Sicherheit, Gesundheit, Konnektivität, Globalisierung und Individualisierung als Trends auch in Krisensituationen robust sind. Fragen der Ökologie, der alternden Gesellschaft sowie zukünftiger Arbeitsformen werden zu Treibern. In anderen Bereichen kann gegenwärtig noch nicht gesagt werden, wohin sie sich entwickeln werden. Dies betrifft etwa die Urbanisierung, Mobilität, Wissenskultur und das Thema »Gender Shift« (Zukunftsinstitut 2020).

Die Affinität dieser Beschreibungen zu Grundnarrativen der christlichen Tradition fordert Pfarrer:innen in besonderer Weise heraus, theologisch gegenwartsfähige Redeformen zu finden, um eine vulnerable, grundsätzlich unabgeschlossene Welt als Gottes Schöpfung so zu deuten, dass dies an zeitgenössische Diskurse anschlussfähig ist. Entwicklungen wie beispielsweise die einer anthropodezentrischen Theologie (»animate theologies«) wahr- und gegebenenfalls aufzunehmen und damit am »Puls der theologischen Zeit« zu bleiben, ist für den Pfarrberuf wichtiger denn je.

Damit ist noch nicht beschrieben, was diese Entwicklungen für die Kirche und ihre Beruflichkeiten selbst bedeutet. Auf die Singularisierung gesellschaftlicher Teilhabe kann zumindest nicht mehr insofern mit einer Pluralität von Anschlussmöglichkeiten an christliche Traditionen reagiert werden, als dies eine Vervielfältigung kirchlicher Veranstaltungsangebote bedeutete. Pfarrer:innen stoßen verstärkt Prozesse an, die ausloten, wie Gemeinden sich verhalten werden: Möchten sie sich als eine Neo-Gemeinschaft mit hoher Flexibilität, aber intern hoher Verbindlichkeit verstehen? Oder suchen sie Wege zu einer offenen, resilienten Kirche, die sich darauf einstellt, produktiv mit Krisen umzugehen? Deutlich wird, dass kein Wandel ohne prägende Akteur:innen auskommt. Pfarrer:innen sind an dieser Stelle für den Gestaltungsauftrag in besonderer Weise in der Pflicht, weil sie ihm auf Dauer, öffentlich und in theologisch leitender Verantwortung verbunden sind. Wer gegenwärtig den Pfarrberuf anstrebt, sollte wissen, dass er:sie ein:e entscheidende:r personelle:r Träger:in von Veränderungsverantwortung ist.

kein Wandel ohne prägende Akteur:innen

Jean-Marcel Kobi unterschied bereits 1994 sogenannte »harte« und »weiche« Faktoren des Wandels (Kobi 1994). Weiche Bausteine beschreiben motivationale und voluntative Aspekte (wie Handeln, Experimente, Voraussetzungen durch Führungshandeln etc.); harte Bausteine meinen etwa kognitives Lernen und Wissen. Je turbulenter und fluider die Welt wahrgenommen wird, in der es gilt, zu handeln, desto wichtiger werden weiche Bausteine und der Aufbau von (nachhaltigem) Vertrauen.

> Mit welchen weiteren Akteur:innen haben Sie Lust auf Veränderung? Nehmen Sie mit mindestens dreien Kontakt auf und verabreden Sie sich im Laufe der kommenden 14 Tage. Eine Person sollte aus Ihrem regulären Arbeitsumfeld stammen.

Infragestellung der Demokratie

Von Pfarrer:innen wird nicht nur eine Reflexion der eigenen Einstellung erwartet, sondern auch integrative und moderierende Tätigkeiten im Kontext gesellschaftlicher Spannungslagen. In der Volkskirche galten und gelten minimale Zugehörigkeitsbedingungen. Fragen von Integration und den Grenzen von Vielfalt werden erst dann sichtbar, wenn grundlegende Werte, die die Kirche mit dem demokratischen Staat teilt, infrage gestellt werden. Das ist etwa der Fall, wenn rechtsextreme Tendenzen zunehmen oder Angehörige antidemokratischer Parteien Leitungsverantwortung in der Kirche übernehmen. Eine Vielzahl von Pfarrer:innen, zumal in Westdeutschland, kennen aus eigener Anschauung nichts anderes, als in einem stabilen demokratischen Staat zu leben. Dass dies eine Errungenschaft ist, für die auch die Kirchen eine Verantwortung haben, sie durch kommunikative Prozesse zu stabilisieren, wird derzeit neu gelernt.

Professionellen Ankerpersonen kommt in diesen Zusammenhängen eine hohe Bedeutung zu. Ausgeprägte Fähigkeiten zu theologisch begründeter Kommunikation und Konfliktlösung tragen so maßgeblich dazu bei, dass die Differenz zwischen Konzeptentwicklung und praktischen Umsetzungserfordernissen in einem möglicherweise von Widerständen geprägten Umfeld mit langem Atem zu überwinden versucht wird. Dazu profitieren Pfarrpersonen von einer Atmosphäre herausfordernder Freiheit, in der Regelungsbedarfe für die eigene Berufstätigkeit so weit wie möglich minimiert sind.

Digitalität als Herausforderung im Pfarrberuf: Bei der Digitalisierung handelt es sich nicht (nur) um einen »Sonderfall« von Veränderung. Digitalisierung bringt einen Paradigmenwechsel mit sich. Manche begrüßen das. Andere koppeln sich ab. Dritte schließlich suchen Strategien des pragmatischen Umgangs.

Digitalisierungsprozesse

Paradigmenwechsel

Die pandemische Lage hat vor Augen geführt, dass kirchlicherseits – wie auch politisch – digitale Entwicklungen der letzten Jahrzehnte an vielen Orten übersehen worden sind. Kirchliche Akteur:innen, auch Pfarrer:innen, hielten es nicht für nötig, sich damit auseinanderzusetzen. Zentrale christliche Grundbegriffe wie Gemeinschaft oder Gegenwärtigkeit mussten unter Digitalisierungsbedingungen überhaupt erst neu verstanden werden. So gingen über Jahrzehnte gesellschaftliche Anschlüsse verloren. Das Bewusstsein für konzeptionelle Freiräume des Pfarrberufs war nicht überall vorhanden. Unter gegenwärtigen Bedingungen wird die Digitale Kirche kirchentheoretisch vor allem als »Bewegung« verstanden. Erst nach und nach dringen ihre Impulse in die organisationale Logik von Kirchen vor. Das erzeugt den Eindruck, als werde Digitalisierung in ihrer Reichweite und Bedeutung systematisch unterschätzt, als handele es sich um etwas, was »andernorts« oder »vorübergehend« eine Rolle spiele. Der technische Ursprung der Phänomene, die mit Digitalität einhergehen, ließ eine Distanz sichtbar werden, die die Kirchen im 20. Jahrhundert gegenüber dem »technischen Zeitalter« (Benjamin 1935/2010) hatten. Eine nahezu ausschließlich bürgerlich geprägte Pfarrschaft tradierte – oft unbewusst – eine tiefsitzende Skepsis gegenüber technologischer Entwicklung und präferierte linear-analoge Kulturtechniken wie beispielsweise das Lesen. Das Leitbild einer Kirche »vor Ort«, die durch physische Vergemeinschaftung geprägt ist, galt als so dominant, dass andere Formen religiöser Kommunikation demgegenüber lange als defizitär angesehen wurden. Das ist insofern nachvollziehbar, als »Gemeinschaft« auf etwas – anscheinend überzeitlich – Gemeinsames rekurriert, während Sachthemen immer Diversifizierung erzeugen. Armin Nassehi (2021, 95 [im Original durchgängig kursiv]) hat dies jüngst so formuliert: »Die Sozialdimension erzeugt eine Art Überzeitigkeit des Gemeinsamen, während die Sachdimension eine Gleichzeitigkeit von Unterschiedlichem erzeugt«. Theologische Fragen, die damit einhergingen, wie etwa die der »Anwesenheit« und »Präsenz«, radikal zugespitzt in der Frage digitalen Abendmahls, blieben unbearbeitet liegen (Erichsen-Wendt 2021); möglicherweise, weil hier Gemeinschafts- und Sachdimension eng verwoben sind. Wandern religiöse Rituale und Narrative ins Haus, in die Familie, ins Netz, so ist damit eine Demokratisierung von Deutungshoheit verbunden, die für die institutionelle und organisationale Gestalt der Kirche, auch für Pfarrpersonen, eine massive Kränkung darstellt: Stabilität und Steuerung scheinen auf dem Spiel zu stehen. Wandert kirchliche Religiosität aus der Kirche aus oder zeigen sich andere Formen von Kirchlichkeit, deren Logiken von Mitgliedschaft, Zugehörigkeit und Beteiligung fluide sind und überhaupt erst beschrieben werden müssen? Und: Was ist die Rolle ordinierter Geistlicher in diesem Zusammenhang?

Demokratisierung

Kränkung

Digitalität umfasst mehrere Ebenen: Endgeräte, Leitmedienwechsel, Veränderung sozialer Interaktion und kulturelle Großprozesse. Digitalisierte Prozesse greifen tief in das kulturelle Selbstverständnis von Gesellschaften ein und führen zu weitreichenden Transformationen. Mensch-Maschine-Zusammenhänge radikalisieren das Verständnis von Akteur:in-Sein. Neben nichtmenschliche Akteure aus dem Bereich der Natur und der Artefakte treten nun auch Maschinen und technologische Prozesse in die »Welt des Handelns« ein. Die (relative) Allzugänglichkeit von Informationen und Kommunikationsmöglichkeiten verändert das Verständnis von Bildungs- und Vergemeinschaftungsprozessen – und zwar auch derer, für die Pfarrer:innen verantwortlich sind.

Felix Stalder (2017) hat umfassend untersucht, wie Digitalität die Formen der Kommunikation beeinflusst. Die augenscheinlichste Veränderung durch Digitalisierung dürfte die Entstehung ortsunabhängiger Netzwerke sein. Das ist nicht nur deshalb interessant, weil es innerhalb weniger Jahre das Handeln nahezu aller Mitglieder unserer Gesellschaft verändert hat, sondern auch, weil es Teilhabe, Öffentlichkeit und Strukturen von Gemeinschaftlichkeit anders abbildet oder verändert.

Dirk Baecker (2018) versteht die Netzwerklogik funktional im Kontext historischer Medienrevolutionen. Menschen hinken der digitalen Revolution mental gleichsam hinter, indem sie von Haus aus in nicht vernetzten Gesellschaftsformen denken. Neue Orientierungsmuster zu finden führt u. a. zu übertriebenem Innovationsgestus oder auch kulturkritischer Abwehr. Auch unter Pfarrer:innen sind entsprechende Verhaltensmuster zu beobachten: Die Unübersehbarkeit digitaler Prozesse führt bei den einen zu einer grundsätzlich kritischen Haltung und zum Rückzug auf traditionelle Formen. Andere werden offensiv aktiv und engagieren sich auch in ihrer Berufsrolle bewusst und zum Teil mit professioneller medialer Unterstützung als Pfarrer:innen im Netz und können dort mit entsprechender Reichweite zu Influencer:innen werden. Baecker (2018) betont, dass gerade Menschen, die als Expert:innen für das Heilige gelten, in komplexen Netzwerken Schlüsselfunktionen einnehmen. Das könnte daran liegen, dass religiöse Personen sich in zentralen Bereichen des Menschseins auskennen, die anderen eher unzugänglich sind. Deshalb ist es nicht egal, wie Pfarrer:innen sich zur Digitalität verhalten und ob sie dort religiöses Wissen einspeisen oder nicht.

> Erforschen Sie den Zusammenhang und Nicht-Zusammenhang von Digitalität und Heiligkeit – so, wie sie Ihnen im Pfarramt begegnen. Lassen Sie sich Zeit. Feiern Sie zu diesem Thema einen Gottesdienst mit Lebensexpert:innen.

Bezieht man all dies nun auf die Pfarrberuflichkeit in der Gegenwart, wird deutlich, dass ein so stark kontextueller Beruf durch diese kulturelle Transformation wesentlich verändert wird: Pfarrer:innen haben es zu einem sehr großen Teil mit Menschen zu tun, die sich das Leben gar nicht anders als digitalisiert vorstellen können. Sie haben das nicht (mehr) gewählt. Das gilt auch für die Pfarrer:innen selbst. Es wird zunehmend von Bedeutung, virtuelle Orte selbst als Orte religiöser Kommunikation anzunehmen: Hier werden Gottesdienste gefeiert, hier ist es möglich, existenzielle Fragen im Horizont von Transzendenz zu thematisieren, hier werden Netzwerke von Unterstützung geknüpft. Neue Formen von Gemeinschaft entstehen. Ortsunabhängiger kollegialer Austausch und Beratung werden wichtiger, auch wenn das regionale Netzwerk kirchlicher Hauptberuflichkeit loser geknüpft sein wird. Neue Gemeinschaftsformen entstehen und werden gefördert.

Manche Pfarrer:innen nutzen Social Media auch strategisch, um ihrem Berufsprofil Ausdruck zu verleihen. So erreichen sie Menschen in digitalen Räumen, halten Kontakte und sind auf religiöse Ausdrucksformen ansprechbar – seien sie analog oder digital. Was vor zehn Jahren noch als avantgardistisch galt, ist mittlerweile eine übliche Berufspraxis. Überwiegend handelt es sich dabei um bewusste Inszenierungen, die die klassischen Symbole des pastoralen Amtes enger an die Person binden, um erkennbar zu sein und Aufmerksamkeit zu generieren: Sinnfluencer:innen treten, wenn nicht in Amtskleidung, so doch in erkennbar kirchlichem Stil auf, sie zeigen sich in Kirchräumen, Büros oder bei Tätigkeiten,

Social Media

Sinnfluencer:innen

die gemeinhin mit dem Pfarrberuf assoziiert werden. Dabei machen sie sich klassische Bildprogramme zunutze. Sie entscheiden, was und wie viel sie von dem zeigen, was als privat oder persönlich gelesen werden kann. Dabei bleibt für den:die kritische:n Rezipient:in hier noch mehr als im analogen Raum uneindeutig, ob es sich um eine glaubwürdige Selbstaussage oder um eine *scripted story* handelt.

glaubwür-
dige Selbst-
aussage oder
scripted story

Mit ihrem Profil stehen Pfarrer:innen digital für Meinungen, die weit öffentlich Resonanz finden können, und dabei nicht immer in die Diskursprozesse der verfassten Kirchen eingebunden sind. Digitalität macht es leichter, Aussagen ohne ihren Kontext zu hören und ihnen so eine höhere Geltung zuzusprechen, als es ursprünglich intendiert war. Für die Organisation Kirche wird darin zunächst ein »Machtverlust« im Blick auf die Lehrbildung, andererseits aber auch ein willkommener »Aufbruch« sichtbar, der aufgrund der Allverfügbarkeit sowie allenfalls losen Koppelung von Social-Media-Inhalten an konkrete Diskurslagen der Landeskirchen

Macht-
verlust und
Aufbruch

nicht rückholbar ist. Neben die organisational geordneten Prozesse der Lehrbildung treten einzelne Autor:innen mit profilierten Positionen, denen unter Umständen mehr Aufmerksamkeit gewidmet wird als den Ergebnissen langwieriger demokratischer Beratungs- und Abstimmungsprozesse. Die Dynamik, die damit verbunden ist, wird vor allem dann konflikthaft, wenn diese Einzelpositionen von den Rezipient:innen als Position »der Kirche« gedeutet wird, dies aber faktisch nicht der Fall ist. So können die mehrheitlich theologisch konservativen Positionierungen von Sinnfluencer:innen im digitalen Raum durchaus verschleiern, welche theologischen Anpassungsleistungen in die offene Gesellschaft hinein die Landeskirchen in den letzten Jahrzehnten bereits vollzogen haben.

Neben analogen Verstrickungen sind Pfarrer:innen gegenwärtig eben auch digital verstrickt. Nimmt man Digitalität als Kultur ernst, ist diese Situation kein Ergebnis individueller Wahl. Umso wichtiger ist es für Pfarrer:innen, eine eigene Umgangsweise damit zu finden. Guido Zurstiege (2019) hat in diesem Zusammenhang auf »Taktiken der Entnetzung« hingewiesen. Er hat dabei individuelle Lebenspraktiken im Blick, die darauf abzielen, sich nicht in komplexen vernetzten Logiken zu verheddern und befürchtetem Kontrollverlust zu erliegen. Vor diesem Hintergrund ist zu verstehen, dass Pfarrer:innen auch »Taktiken« suchen, sich der Entgrenzung von Kommunikation und Kollaboration, von Erreichbarkeit und beruflicher Rolle durch (digitale) Kommunikation ganz oder teilweise zu entziehen.

1.2 Personale Dimension des Pfarrberufs

Diversität der Lebensverhältnisse: Es ist eine Frage der Perspektive, ob man die Lebensverhältnisse im Pfarrberuf als divers und plural oder als milieuverengt und tendenziell selbstreproduktiv ansieht. Bis ins 20. Jahrhundert hinein war dazu ein Blick in die Geschichte des Berufs oder auf die Situation geistlicher Berufe in den Kirchen weltweit nötig. Gegenwärtig sind noch Pfarrer und auch Pfarrerinnen im Dienst, für die die Auseinandersetzung mit restriktiven Strukturvorgaben der Institution in bedeutsamer Weise zu ihrer Berufsbiografie gehört. Dazu zählen vor allem folgende Fragen: die Zulassung von Frauen für den Pfarrberuf, die Wahl der Lebensform (Religionszugehörigkeit von Ehepartner:innen, Wohnformen im Pfarrhaus, Frage der Dienstwohnungspflicht überhaupt), das Aufbrechen von Heteronormativität (Umgang mit Homosexualität, transgender, genderqueer) nicht allein im ethischen Diskurs, sondern gerade auch im Blick auf die Ausübung des pastoralen Dienstes, Umgang mit Ehescheidung sowie der Pfarrdienst von Menschen mit Teilhabebeeinträchtigungen.

plural oder milieuverengt

Milieus und Lebensstile: Eine große Spannbreite anderer Differenzierungen kommt hinzu:

> »Das Spektrum seiner [des Berufs, FEW] kontextual jeweils vorgegebenen Strukturen reicht von akademisch unausgebildet bis wissenschaftlich hoch professionalisiert, von arm, verachtet oder unterdrückt bis privilegiert durch Sozialprestige und Wohlstand; von obligatorischer Single-Existenz bis zur vorprogrammierten Großfamilie; von der Tätigkeitsbegrenzung auf Predigt und Sakramentsverwaltung bis zu komplexer Aufgabenvielfalt. Regional unterschiedlich gewichtet werden jeweils die Funktionen des Priesters, des prophetischen Sozialkritikers oder des Seelsorgers, des Religionslehrers oder des Inspecteur de moral, des Moderators oder der wegweisenden Führungskraft« (Dahm 2003, 1190).

Neben diesen Gemengelagen ergibt sich als vielleicht nicht neue, aber doch brisante Herausforderung, das Miteinander verschiedener Berufsgenerationen so (gemeinsam) zu moderieren und zu gestalten, dass mindestens die Zusammenarbeit möglich ist, die notwendig ist, um gegenwärtige Herausforderungen zu meistern.

Berufsgenerationen

> Treffen Sie sich mit einem Kollegen:einer Kollegin, der:die mindestens 15 Jahre älter oder jünger ist als Sie selbst. Sprechen Sie über Ihren Beruf. Den Kaffee zahlt Ihr Kirchenkreis.

Umgekehrt zeigen soziologische Analysen des Pfarrberufs, dass Pfarrer:innen ihrer Herkunft nach aus einem relativ schmalen gesellschaftlichen Segment stammen: Entweder ist eine kirchliche Sozialisation berufsentscheidend (zumeist in einer der Varianten »volkskirchlich« oder »missionarisch orientierte Jugendarbeit«) oder aber eine existenzielle Bedeutsamkeit oder ein philosophisches Problem, das als »Interesse am Thema« adressiert wird (Cornelius-Bundschuh 2012, 141–153).

Im Blick auf Milieuzuordnungen sind »Performer« überdurchschnittlich repräsentiert, weite Segmente an Lebensstilen fehlen nahezu völlig. Das Schwinden von »Normalbiografie« bezieht sich demnach vor allem auf das Erleben des:der Einzelnen und seine:ihre Bedürfnisse nach individueller Passung in die Institution, weniger auf die tatsächliche gesellschaftliche Reichweite des Pfarrberufs.

> Wen motivieren Sie zum Theologiestudium?

divers und plural: Diversität der Lebensführung hat es im Pfarramt vermutlich faktisch immer gegeben. Das Typische der gegenwärtigen Zeit ist jedoch, dass das Individuelle programmatisch gefördert wird, weil es die Verheißung einer größeren Reichweite kirchlicher Kommunikation in sich trägt: Eine vielfältige Kirche erreiche auch eine Vielfalt von Menschen. Damit stellen sich personspezifische Fragen: Wie viel »Authentizität« verträgt die Berufsrolle, verträgt die Person? Was ist attraktiv an der individuellen Gestaltung des Berufes, wenn der:die Einzelne der gegenwärtigen Gesellschaft die Kuratierung des eigenen Selbst schuldet?

Zugänge zum Pfarrberuf

Die Landeskirchen in Deutschland versuchen, durch eine Vervielfältigung der möglichen Zugangswege zum Vikariat mit zum Teil verschiedenen Vikariatsmodellen oder hohen Anteilen an Selbstorganisation und Flexibilität auf individuelle Lebensentwürfe zu reagieren. Damit agiert kirchliche Ausbildung proaktiv auf Veränderungen des Pfarrberufs hin, die komplexen Bedingungen einer offenen Gesellschaft gerecht werden.

Ausbildung proaktiv

Neben das grundständige Studium der Evangelischen Theologie ist in vielen Landeskirchen gleichberechtigt die Möglichkeit getreten, einen berufsbegleitenden Masterstudiengang als Zugangsweg zum Vikariat zu absolvieren. Auch individuell ausgehandelte Quereinstiege aus verwandten

Berufsprofessionen sind in manchen Landeskirchen möglich. Dass der Pfarrberuf grundsätzlich als lernbar angesehen wird, ist für ein modernes Berufsverständnis ausschlaggebend. Diese Lernbarkeit ist eine wichtige Voraussetzung für die Anpassung der notwendigen Kompetenzen, die für den Pfarrberuf als relevant angesehen werden. Die Zugangskriterien in einzelnen Kirchen dürften dabei in enger Korrelation dazu stehen, was als Schlüsselkompetenz und -performanz des Pfarrberufs angesehen wird. Entsprechend unterschiedlich ist deshalb auch das Selbstverständnis der verschiedenen kirchlichen Ausbildungseinrichtungen für den Pfarrberuf. Diese Frage wird umso virulenter, wenn aus kirchenleitender Sicht das Netz kirchlicher Berufe insgesamt neu aufgespannt wird. So lässt sich etwa die Besetzung von Gemeindepfarrstellen mit ordinierten Gemeindepädagog:innen auf dem Gebiet der ehemaligen DDR schlicht aus dem historischen Herkommen einer Theologie kirchlicher Berufe erklären, die auf ein stärkeres Miteinander der Dienste abhebt (Kasparick/Kessler 2019). Ob dieses Narrativ so stark ist, dass man auch zukünftig noch regional unterschiedliche Propria des Pfarrberufs wird geltend machen müssen, wird die Zeit zeigen.

Insgesamt lassen sich in den vergangenen Jahrzehnten prägende Entwicklungen aufzeigen, die die Pluralisierung der Lebensverhältnisse im Pfarrdienst besonders deutlich gemacht haben:

Gesellschaftliche Veränderung und träger Habitus: Der Pfarrberuf ist kein Männerberuf mehr – zumindest im deutschen Protestantismus landeskirchlicher Prägung. Seit den 1970er–Jahren hat sich in den deutschen evangelischen Landeskirchen die theologische Einsicht in die Ordination von Frauen gegenüber vormals anthropologischen Gegenargumenten nach und nach durchgesetzt (Härle 2017). Die Frauenordination hat ein starkes Signal hinsichtlich der theologischen Lernfähigkeit und gesellschaftlichen Anschlussfähigkeit von evangelischer Kirche gesendet. Gleichwohl kann nach inzwischen mehr als fünfzig Jahren auch immer noch die Konstanz eines phänomenologisch überlebten Habitus (Pierre Bourdieu) beobachtet werden. Dieser zeigt sich etwa in Erwartungen, die an die Berufsrollenträger:innen im Blick auf die Ausübung ihres Dienstes herangetragen werden, an Befürchtungen, die sich auf die sogenannte »Feminisierung« des Pfarrberufs beziehen, sowie schließlich an vermeintlich genderstereotypen Rollenerwartungen im Blick auf die je konkrete Berufsausübung, etwa einer Priorisierung von Seelsorge (bei

Frauen im Pfarrberuf

überlebter Habitus

gender-
stereotype
Rollen-
erwartungen

undoing
gender

Frauen) oder Leitungshandeln (bei Männern). Dies gilt unbeschadet dessen, dass Professionsberufe auf ein *Undoing Gender* hinwirken, indem sie Berufe konzeptionell genderneutral denken. Geschlechtsspezifische Kategorien gelten demnach immer als kulturell vermittelt bzw. als Resultat einer sozialen Praxis. Frauen, die den Professionsberuf einer Pfarrerin ausüben, schreiben damit ironischerweise ein Paradoxieproblem fort: Während sie sich auf der einen Seite an – vermeintlichen – Analogien genderspezifischer Differenzen abarbeiten, loten sie zugleich je und je genderneutrale Beruflichkeit aus (Karle 2008). Sozialstaatliche Maßnahmen, die Frauen in ihrer Erwerbsbiografie gegenüber Männern strukturell auch gegenwärtig benachteiligen (bis hin zur *Gender Pay Gap*), verschärfen dieses Dilemma. Zudem wird im deutschen Protestantismus mit der Rolle der »Pfarrfrau« eine sehr spezifische Gendergeschichte tradiert, deren Überlagerung mit der Erwerbsberuflichkeit von Pfarrerinnen zum einen Teil restaurative Sehnsüchte weckt, zum anderen Teil aber auch kritisch als Katalysator hin zur Diversifizierung der Lebensformen im Pfarrhaus wirkt.

Entgegen der verbreiteten Hypothese, der zufolge Frauen besonders an Kooperation und Solidarität gelegen sei, könnten verstärkte Formen der Zusammenarbeit im Pfarrberuf und darüber hinaus im interprofessionellen Feld sich gerade stabilisierend auf Stereotypenbildung auswirken: Es kann etwa gezeigt werden, dass Frauen in der Ausübung des Pfarrberufs insgesamt, also inklusive Leitungs- und Geschäftsführungshandeln sowie Personalverantwortung, dann akzeptiert sind, wenn sie gerade kein männliches Pendant im gleichen Verantwortungsbereich haben (Offenberger 2008). Pfarrberufliche und interprofessionelle Zusammenarbeit wird sich insofern stets daraufhin befragen lassen müssen, ob sie mit stereotypen Rollenzuschreibungen restaurative Tendenzen im Berufsbild unterstützt und wie sie dem gegebenenfalls aktiv entgegenwirkt.

> Sprechen Sie mit engagierten Ehrenamtlichen darüber, welche Erwartungen sie an eine:n Pfarrer:in haben.

Berufs-
förmigkeit

»Teilzeit-
habitus«

Durch den Umstand, dass Frauen überdurchschnittlich häufig in Teildienstverhältnissen arbeiten (über 60 %), wird die Berufsförmigkeit des Pfarrdienstes vorangetrieben: Ihre Tätigkeit ist ein Motor für die Beschreibung von Arbeitszeiten und Dienstaufträgen. Inwiefern ein »Teilzeithabitus«, der in Spannung zu herkömmlichen berufsethischen Anforderungen des Pfarramts stehe (Grethlein 2009, 83–87; Wagner-Rau

2000), überhaupt ein anderes Berufsverständnis zutage treten lässt, sollte durch empirische Forschungen überhaupt erst noch erkundet werden.

Der proportional gesehen geringe Anteil von Frauen in gehobenen Leitungspositionen der Kirche bewegt sich statistisch im gesamtgesellschaftlich durchschnittlichen Bereich und weist auf gravierende Herausforderungen im Blick auf unsere Gesellschaftsstruktur im Ganzen hin, was die Zugangsbarrieren zu beruflichen Positionen mit Entscheidungsverantwortung angeht.

Die Organisation sozialisiert die Person: Der pastorale Dienst ist in den letzten Jahrzehnten von auffälligen Rollenverschiebungen gekennzeichnet. Diese lassen sich vor allem dort skizzieren, wo (möglicherweise) strittige Fragen der Lebensführung auf den Grenzbereich zwischen öffentlichem und privatem Leben bezogen sind. Verändern sich die gesellschaftlichen Rollenbilder, so hat dies Auswirkungen darauf, wie soziale Rollen überhaupt ausgeübt werden. Deshalb haben diejenigen Rollenanteile eines Pfarrers:einer Pfarrerin, die nur lose mit der religiösen Beruflichkeit gekoppelt sind, unmittelbar Anteil an der Entwicklung gesellschaftlicher Rollenmuster.

Nachdem die Zölibatsklausel für Pfarrerinnen ab 1969 nach und nach abgeschafft wurde, trat an ihre Stelle nicht nur die Möglichkeit zu heiraten, sondern die explizite Erwartung, dass Pfarrer verheiratet, Pfarrerinnen hingegen unverheiratet ins Pfarrhaus einziehen. Heteronormativität wurde zu einem mächtigen Leitbild, das die kurzzeitig dominierende Lebensform der bürgerlichen (Klein-)Familie als Folge der Industrialisierung im bundesrepublikanischen Nachkriegsdeutschland fortschrieb und dadurch stabilisierte. Solange in Ehescheidungsverfahren das Schuldprinzip galt (bis in die 1970er), wurde eine Ehescheidung von Pfarrer:innen innerhalb der evangelischen Kirche als Amtsvergehen gedeutet, das dienstrechtliche Folgen hatte. Bis in die 1990er-Jahre wurden Pfarrer:innen regelhaft versetzt oder aus dem Dienst entlassen, sofern sie sich scheiden ließen. All dies zeigt, dass das 20. Jahrhundert pastoraltheologisch in einem hohen Maße von der Vorstellung einer Totalinklusion der Person in die Rolle eines Pfarrers:einer Pfarrerin geprägt war. Zu den Prozessen der Postmoderne mit ihren Verunklarungen der typisch modernen Spannungsfelder gehört nun, dass Normalitäten erodieren, Leben und Arbeit sich »entgrenzen« und damit auch flexibilisieren (Jurczyk u. a. 2009). Auch wenn dienstrechtliche Verfahren angesichts von Ehescheidung in einigen Landeskirchen formal immer noch in Geltung ste-

Rollentransformation: das Beispiel Ehescheidung

hen, wird doch überwiegend auf einen Deutungskorridor hingewiesen, der das eigenverantwortliche Handeln von Pfarrer:innen für ihre Lebensführung stärken soll (Weiss 2017).

Die gegenseitige Stabilisierung sozialromantischer und kirchlicher Narrative in der zweiten Hälfte des 20. Jahrhunderts führte dazu, dass sich die Pluralisierung von Lebensformen im Pfarramt immer erst auf gesellschaftlichen Druck hin entwickelte. Die EKD hat sich in der Ausarbeitung »Gottes Gabe und persönliche Verantwortung. Zusammenleben in Ehe und Familie« (1997) sowie in der Orientierungshilfe »Zwischen Autonomie und Angewiesenheit. Familie als verlässliche Gemeinschaft stärken« (2013) die Positionen von Individualisierung und Pluralisierung zu eigen gemacht. Der Widerstand, den vor allem das zweite Papier innerprotestantisch ausgelöst hat, zeigt, wie sehr auch gegenwärtig verbreitete Haltungen in der evangelischen Kirche von bürgerlichen Prämissen geprägt sind. Für Pfarrer:innen ist es demnach herausfordernd, diese Erwartungen auf der einen Seite zu kennen und zu managen, und auf der anderen Seite vollumfänglich mitten im Leben einer singularitätsorientierten Gesellschaft zu stehen, die je individuelle Entscheidungen einfordert.

> Wo profitieren Sie von der »Trägheit« der Institution?

Persönliche Beziehungen entwickeln Einfluss auf das religiöse Selbstverständnis: Meine Erfahrungen mit persönlichen Beziehungen prägen meine Art und Weise, als Pfarrer:in von Gott und seiner Beziehung zu den Menschen zu sprechen. Deshalb ist für Pfarrpersonen die Auseinandersetzung mit der Geschichte ihrer Beziehungen in der Herkunftsfamilie und darüber hinaus wichtig.

Die Person sozialisiert die Organisation: Die faktischen und kulturellen Veränderungen, die sich im 21. Jahrhundert bislang im Blick auf die Wahrnehmung der Diversität von Gender-Identitäten im Pfarramt zeigen, lassen sich in pastoraltheologischer Perspektive so lesen, dass »Ein-wenig-

anders-Sein« ein bedeutsames Movens für den Dienst einer Pfarrperson sein kann. Das Evangelium begegnet zuallererst als fremde Botschaft, Skandal, Torheit (Aus der Au 2017). Der Weg queerer Theologie hinein in die Kernlogik evangelischer Institutionalität, das Pfarrdienstgesetz (in seiner Fassung von 2016), war lang und ist es mancherorts immer noch. Diese Prozesse sind der derzeitigen postmodernen Lebenshaltung deshalb affin, weil sie sich für die Auflösung, mindestens aber Relativierung,

von Kategorien stark macht. Gendersensible Theologie zeigt, dass
Bindungssicherheiten gegenwärtig plural sind. Jede Festlegung von (se-
xueller) Identität als stabile Zuschreibung von außen gilt als Widerspruch
zur Singularität, jedes Anerkennen bringt das Verkennen immer mit sich
(Bedorf 2010). Damit wird Kirche zu einem paradox offenen, diversen
und vielfältigen Schutzraum. Henning Luther (2013) etwa sprach von der
Kirche als einer »paradoxen Institution«: Sie büßt gesamtgesellschaftlich
Glaubwürdigkeit – eine der stärksten Erwartungen an die Kirche – ein,
wenn sie sich demgegenüber als Bunker für Heteronormativität versteht
oder inszeniert.

queere Theologie

§ 39 des Pfarrerdienstgesetzes der EKD (PfDG-EKD [2016]) holt dabei
mit seiner konsequent inhaltlichen statt formalen Beschreibung eine Praxis ein, für die Einzelne und Gruppen über Jahrzehnte gekämpft haben,
indem es dort heißt:

>»(1) Pfarrerinnen und Pfarrer sind auch in ihrer Lebensführung im
>familiären Zusammenleben und in ihrer Ehe an die Verpflichtungen
>aus der Ordination (§ 3 Absatz 2) gebunden. Hierfür sind Verbind-
>lichkeit, Verlässlichkeit und gegenseitige Verantwortung maßgebend.«

Kurz zuvor hatte bereits ein Textentwurf, der zunächst als EKD-
Orientierungshilfe zur Sexualethik vorgeschlagen worden war, die inhalt-
liche Kriteriologie einer evangelischen und lebensnahen Sexualethik mit
Hilfe der Rede von Lebensdienlichkeit, Lebenszufriedenheit und Schutz
aller Beteiligten gegenüber einer formalen Beschreibung stark gemacht
(Dabrock u. a. 2015). Beide Interventionen machen deutlich, dass die
Evangelische Kirche in den vergangenen Jahrzehnten eine markante
Transformation von der Institutionen- zur Beziehungsethik vollzogen
hat, die längst noch nicht abgeschlossen ist.

Beziehungs-ethik

Queere Theologie wirkte zunächst über eigene Netzwerke, Kirchentage
und Veröffentlichungen (Häneke 2019a). Zu jeder Zeit stand sie vor der
Aufgabe, Subversion und Anpassung an gesellschaftliche Normen auszuloten. Seit den 1990ern zeigte sich dies formal etwa in der Einrichtung
schwul-lesbischer Pfarrkonvente. Die Aids-Krise hatte vordem die Bewegung protegiert und auch politisiert. Profitierten LGBTIQ*-Personen
zwischenzeitlich sehr von Veränderungen grundlegender sexualethischer
Wertvorstellungen in der deutschen Gesellschaft, so zeichnen sich ab etwa
2010 wieder Rückschritte ab: Explizit emanzipatorische Theologien werden in Nischen gedrängt, Konformitätsdruck nimmt gesellschaftlich zu,

eine modernitätsvergessene Bibelhermeneutik und der Verweis auf (ausstehende) Entwicklungen im internationalen Kontext werden als Verhinderungsfaktoren von Diversität laut vorgetragen, allerdings eher von einzelnen Stimmen. Von Pfarrer:innen wird in dieser unklaren Gemengelage vermehrt Rechenschaft gefordert, sie sehen sich oftmals selbst im Spannungsfeld von Subversion und Normanpassung. Queere Theologien haben zunächst die Dominanz von Regulierungsdiskursen in der Kirche entlarvt. Nun rufen sie die große Frage auf, wie unter Singularitätsbedingungen eigentlich christliche Werte aussehen. Diese Frage birgt für viele kirchliche Orte die Möglichkeit in sich, eine normkritische Kirchenpraxis zu etablieren oder zu pflegen. Isolde Karle (2006, 236) spricht etwa davon, das »utopische […] Potential einer christlichen Anthropologie auszuloten«. Eine solche Anthropologie hätte den politischen Impuls, den die queeren Bewegungen von Beginn an hatten, in sich aufbewahrt. Rainer Hörmann (2015) hat es in einem Blog-Eintrag zum Auftakt einer queeren Blogging-Reihe so formuliert:

> »Als ›queer‹ verstehe ich dabei nicht unbedingt die Addition von Lesben, Schwulen, Bisexuellen und Transgender zu etwas Vorhandenem, sondern auch eine Haltung, die sich traut, quer zu scheinbar festgefügten Normen zu denken und zu leben, um Raum für andere Möglichkeiten zu schaffen. Dies besonders in Zeiten, da der Ruf nach einfachen Antworten und der ›reinen‹ Lehre wieder populär zu werden scheint.«

Wer immer im Pfarrberuf nach politischen Impulsen innerhalb der eigenen Institution sucht, sollte in diversitätssensiblen Netzwerken suchen. Dort sind solche Impulse aufbewahrt und gepflegt worden. Nicht zuletzt durch das glaubwürdige Handeln einzelner Amtsträger:innen sind Lernprozesse in der eigenen Organisation angestoßen worden (Burbach/Döge 2006).

> Wenn Sie in die Geschichte Ihrer Landeskirche schauen: Welche Personen bewundern Sie für das, was sie getan haben? In welchem Sinne ist diese Erinnerung eine Ressource für Ihren eigenen Dienst?

Das christliche Menschenbild und der Anspruch der Organisation: An der Beobachtung, wie sich die Landeskirchen zur Berufstätigkeit von Pfarrer:innen mit Behinderung und Behinderungserfahrung stellen, wird die

Subversion und Normanpassung *(Marginalie)*

Umgang mit Behinderungen *(Marginalie)*

funktionale Deutung des Pfarrdienstes besonders deutlich: Gegenwärtige Gesetzgebung betont, dass Teilhabe soweit möglich ist, als der Dienst nicht beeinträchtigt wird. In diesem Rahmen werden Anstrengungen unternommen, besondere Lebenslagen insofern zu berücksichtigen, als etwa Arbeitsplätze und die Rahmenbedingungen der beruflichen Tätigkeit nach individuellen Bedürfnissen konstruiert werden (müssen). Das betrifft etwa die Ausstattung des Arbeitszimmers, die Häufigkeit von Pausen, mögliche Arbeitsassistenz, aber auch die jeweilige Konstellation im Team.

Darauf reagiert etwa die Orientierungshilfe der EKD »Inklusion leben in Kirche und Gesellschaft« (2015). Freilich wird hier betont, dass all diese Maßnahmen lediglich Marker für ein grundlegendes Umdenken sind. Wie allerdings genau dafür Anreize geschaffen werden können, bleibt offen.

Inklusion

Die anhaltende Diskussion um Inklusion statt Integration seit der Verabschiedung der UN-Behindertenrechtskonvention im Jahr 2006 zeigt, dass die grundsätzliche Aufgabe, Teilhabegerechtigkeit zu schaffen, mit diesen Stellungnahmen noch nicht bearbeitet worden ist. So stellt sich die Frage, wie das Bild des vermeintlich unbeeinträchtigten Dienstes einzuordnen ist. Menschen mit Behinderungen weisen in empirischen Befragungen zum Pfarrberuf auf Folgendes hin: Je organisationsförmiger die Kirche gedacht wird und je stärker die Leitungstätigkeit von Pfarrpersonen akzentuiert wird, desto fraglicher ist intuitiv, inwiefern Menschen mit Behinderungserfahrung diese Rolle annehmen können (Merz 2017). Wird ein generelles Überforderungspotenzial im Pfarrberuf aufgrund von Fülle, Vielzahl und amorpher Struktur der Aufgaben diagnostiziert, verstärkt sich dieser Eindruck. Der Pfarrdienst kann so leicht als Aufgabe für besonders starke, leistungsfähige Menschen angesehen werden. Die Kirche gerät damit in ein Spannungsverhältnis zwischen ihren eigenen inklusiven theologischen Prämissen und der Leistungsorientierung, mit der Pfarrpersonen in ihr konfrontiert sind. Das führt dazu, dass Kirchen im Blick auf den leitenden Dienst von Personen mit Behinderungen bzw. vulnerablen Personen eher zurückhaltend sind. Ein möglichst reibungsloser professioneller Betrieb im pastoralen Dienst genießt einen hohen Stellenwert, gerade dort, wo die kirchliche Organisation aufgrund von Erwartungen oder in marktförmigen Konkurrenzsituationen unter Druck gerät. Diese Prämisse deckt auf, weshalb an manchen Orten auch immer noch Frauen mit kleineren Kindern berufliche Nachteile erfahren, weil latent unterstellt

Leistungs-orientierung

wird, sie seien weniger belastbar und hätten höhere Ausfallzeiten als andere Mitarbeitende. Diese Überlegungen zeigen, dass eine Optimierung der Arbeitsplatzsituation allenfalls als integrative Maßnahme zu verstehen ist. Wer Inklusion im Sinne einer Grenzsensibilität versteht, die allen Menschen gegenüber zu erbringen ist, hat die Aufgabe, pastorales Leitungshandeln inklusionssensibel zu verstehen und zu gestalten (EKKW 2014). Demnach zielte ein Pfarrdienst, der die Organisationslogik dann und wann und immer öfter unterbricht, auf nichts weniger als auf strukturelle Veränderungen in der Kirche. Ein solch weitreichendes Bild als Zielperspektive hat Ulf Liedke bereits 2009 in seiner inklusiven Anthropologie »Beziehungsreiches Leben« angedeutet.

Gegenwärtige Entwicklungen im Pfarrberuf, die dem generellen Überforderungspotenzial entgegenzuwirken versuchen wie etwa Funktionalisierung, Spezialisierung und die programmatische Förderung von Teamarbeit, führen dazu, dass es auch für Pfarrer:innen mit Behinderungserfahrung leichter wird, ihren Dienst zu tun. Ihr spezifischer Dienst für die Kirche ist es darüber hinaus auch (im Sinne der Disability Studies), auf die sozialen Prozesse von Benachteiligung hinzuweisen, die das Versehrte, Zerrissene als defizitär bewerten und damit ein längst überholt geglaubtes hierarchisch organisiertes Hilfemuster entlarven. In der pastoraltheologischen Diskussion der Gegenwart wird diese Spur im Bild des »verwundeten Heilers« aufgenommen:

> »Heilende Fähigkeiten entwickeln nicht diejenigen, die heil, bruchlos, immer stark und heiter, nie schwach und hilfsbedürftig durchs Leben gegangen sind, sondern umgekehrt gerade die, die Schmerzen und Wunden erlitten, Ohnmacht, Schwachheit und Hilfsbedürftigkeit erlebt haben« (Klessmann 2001, 83).

Gerade Menschen mit Behinderungserfahrung haben häufig eine hohe Resilienz, die sie im Umgang mit Stresssituationen leistungsfähiger und belastbarer macht. Menschen mit solchen Erfahrungen von Behinderung sind dadurch wiederum in besonderer Weise prädestiniert, andere Menschen mit dieser Kompetenz zu begleiten und Ressourcen aufzuzeigen. Es wird also auch darum gehen, überkommene Zuschreibungen von »behindert« im Sinne von »beeinträchtigt« als fragwürdig zu überdenken. Der Impuls, um den es hier geht, bezieht sich folglich auch nicht allein auf das theologische Leitungshandeln von Pfarrer:innen, sondern auf die pastorale Existenz insgesamt. Es gibt in der Konstruktion von Pfarr-

Marginalien:

inklusionssensibel

strukturelle Veränderungen in der Kirche

verwundete:r Heiler:in

stellen oder in der Ausbildung zum Pfarrberuf vereinzelt Ansätze in der Kirche, in denen sich zeigt, dass gerade die Mechanismen der singularisierten Gesellschaft wie empathische Kultur, Selbstorganisation, flexible Ausbildungsstrukturen und Arbeitsplatzgestaltungen, Ressourcenorientierung und Barrierefreiheit dienlich sind, um sich kooperativen und inklusionssensiblen Organisationsmodellen anzunähern. Solche Strukturen würden die Kirche insgesamt bereichern, nicht nur im Blick auf die Inklusion von Pfarrer:innen mit »klassischer« Behinderungserfahrung, sondern darüber hinaus im Blick auf alle, die mit Behinderungserfahrungen unterschiedlichster Art leben und in der Kirche arbeiten.

> Wenn die Organisation keine »Maschine« ist: Was ist sie dann? Was bedeutet das für Ihr Selbstverständnis als hauptberuflich verantwortliche Person für religiöse Dinge?

1.3 Kirchliche Kontexte des Pfarrberufs

Pfarrer:innen als Teil kirchlicher (Haupt-)Beruflichkeit: Pfarrer:innen sind in ein starkes Netz anderer kirchlicher Berufe verwoben. Sie sind unter gegenwärtigen Bedingungen nicht nur als Dienstleister:innen für die »Kirche vor Ort« zu verstehen, sondern wirken innerhalb ihres Verantwortungsbereiches eigenständig am Auftrag der Kirche mit.

Pfarrberuf im Netz anderer kirchlicher Berufe

In den Kirchengemeinden, regionalen Zusammenschlüssen oder beim Kirchenkreis sind oft Kirchenmusiker:innen sowie Fachangestellte für das Verwaltungswesen angestellt. Manche Berufsrollenträger:innen sind auf die Arbeit mit spezifischen Zielgruppen, oft nach Alter kohortiert, spezialisiert: etwa Erzieher:innen in Einrichtungen der Kindertagespflege und in Kindertagesstätten, Mitarbeitende in der Kinder- und Jugendarbeit, der Erwachsenenbildung, der Seniorenarbeit. Hier arbeiten Menschen mit verschiedenen Qualifikationshintergründen, etwa aus dem sozialpädagogischen, dem diakonischen oder beispielsweise auch dem theaterpädagogischen Bereich. Die Schnittmengen zu Berufen mit explizitem Bildungsschwerpunkt sind oft fließend, als da sind Katechet:innen, Gemeindepädagog:innen, Mitarbeitende in der Erwachsenenbildung, der Medienpädagogik, Lehrer:innen für Religionsunterricht. In nahezu allen strategischen Verwaltungsbereichen arbeiten Pfarrer:innen mit Kirchenbeamt:innen des gehobenen Dienstes zusammen. Hausmeister:innen, Mesner:innen/Küster:innen sowie Friedhofsmitarbeitende pflegen die Liegenschaften, die im Verantwortungsbereich einer Pfarrperson, einer Kirchengemeinde oder eines Kirchenkreises liegen.

In komplexen, ausdifferenzierten Sachlagen sind Pfarrer:innen auf die Zusammenarbeit mit kirchlichen Diensten, Werken und Einrichtungen notwendigerweise angewiesen. Dies betrifft beispielsweise Beratungsstellen der Diakonie, aber auch religionspädagogische oder liturgische Institute sowie pastoralpsychologische Dienste. Eine Vielzahl von Berufsgruppen ist hier vertreten. Sich in diesem Feld quantitativ einen Überblick zu verschaffen, ist ausgesprochen kompliziert: Viele kirchliche Berufe sind nicht eindeutig organisiert. In den Gliedkirchen der EKD gibt es unterschiedliche Anstellungslogiken und Zählweisen. Exemplarisch sei die Situation der Diakon:innen genannt: In Deutschland gibt es 21 diakonische Gemeinschaften, die 7.875 Mitglieder haben (Stand: Juni 2021). Freilich umfasst diese Mitgliedschaft nicht nur Diakon:innen im engeren Sinne, sondern auch »Mitarbeitende im Diakonat«, die im weitesten Sinne einen sozialen Beruf im kirchlichen Kontext ausüben (auch Verwaltungsangestellte können hier gemeint sein). Umgekehrt können – je nach Diakoniegesetz einer Landeskirche – auch Diakon:innen angestellt werden, die keiner diakonischen Gemeinschaft angehören und deshalb von dieser Zählung nicht erfasst werden.

Dies hat das Rollenbild des Pfarrers:der Pfarrerin schon verändert und wird es weiter tun. Pfarrer:innen benötigen für ihr Leitungshandeln und die Wahl exemplarischer Arbeitsbereiche eine solide Kenntnis dessen, was Kirche in verschiedenen Funktions- und Kommunikationsbereichen ist und tut. Gelegentlich wird die Auffassung vertreten, diese Kenntnis könne überhaupt nur in der Zusammenarbeit mit anderen Beruflichkeiten erworben werden.

Professions-
netzwerk

Dringlicher denn je stellt sich im Zusammenhang dieses vielfältigen Professionsnetzwerkes die Frage nach dem Proprium der Pfarrberuflichkeit. Die klassischen Modelle einer Zuordnung des Pfarramts zu anderen kirchlichen Berufen im Sinne von Patriarchalität, hierarchischem Modell, theologischer Beratung und dem sogenannten Gruppenpfarramt (Klessmann 2012, 278–285) greifen überwiegend nicht mehr und warten auf die Erprobung neuer Modelle wie etwa dem Allmendenwesen, der Community of Practice, dem Commoning oder auch dem Interprofessionellen Team.

Theorie
kirchlicher
Berufe

All diese Vorstellungen bewegen sich derzeit eher in Erprobungsstadien und werden kaum pastoraltheologisch eingeholt (Erichsen-Wendt 2018). Insbesondere das Fehlen aktueller Theorien kirchlicher Berufe stellt eine markante Forschungslücke dar. So wäre etwa zu beschreiben, worin das Proprium des Pfarrberufsbilds läge, wenn doch alles, was man »sehen« kann, auch von anderen kirchlichen Berufsrollenträger:innen und zum Teil auch Ehrenamtlichen übernommen werden kann. Im Performanzbereich hat der Pfarrberuf also kaum mehr Alleinstellungsmerkmale: Dass auch andere Gottesdienste leiten, Sakramente verwalten, Seelsorge (nicht nur in Funktionsbereichen) üben und theologisch lehren, ist berufstheoretisch allenfalls punktuell eingeholt. Die Gesamtverantwortung theologischer Leitung der Performanzbereiche ereignet sich häufig »auf der Hinterbühne«. In einer inszenierungsgewöhnten und -verwöhnten Gesellschaft sinkt damit die Akzeptanz für dieses Berufsprofil, und zwar zuallererst bei den Rollenträger:innen selbst, oft gepaart mit dem Gefühl ständiger Über- (oder auch Unter-)Forderung sowie mangelnder Selbstwirksamkeit.

Das Pfarrdienstverhältnis als rechtlich geordnetes Dienst- und Treueverhältnis mit seinen sich daraus ergebenden Pflichten, vor allem aber auch Rechten, wird im Konzert anderer kirchlicher Dienste und Berufe zunehmend begründungspflichtig. Dies umso mehr, wenn man bedenkt, dass derzeit überwiegend mit einem engen Interprofessionalitätsbegriff gearbeitet wird. Denkbar ist ja mehr denn je, dass Pfarrer:innen mit Menschen zusammenarbeiten, die in keinem kirchlichen Anstellungsverhältnis stehen und denen Kirchlichkeit überhaupt erst kommunikativ zu vermitteln ist. Ebenfalls dürfte die Frage virulent werden, welche Themen Pfarrer:innen in ihren Verantwortungsbereichen gemeinsam mit Vertreter:innen der römisch-katholischen Kirche oder anderer Kirchen und Religionsgemeinschaften bearbeitet werden. Auch hier werden konkrete Aufgabenstellungen die Frage beruflicher Identitäten neu aufwerfen.

Dienst- und Treueverhältnis

Aus der Perspektive von Pfarrer:innen kann diese Berufsbeschreibung auch mit Kränkungen einhergehen: Wo bislang das mentale Bild einer relativen Entscheidungs- und Performanzautonomie des Pfarrers (seltener: der Pfarrerin) prägend war, wirken jetzt eher unübersichtliche Netzwerkkonstruktionen, in denen Macht und Einfluss diffus verteilt sind. Und auch dort, wo die interprofessionelle Zusammenarbeit zunächst einmal fehlt, weil die landeskirchliche Politik oder die jeweilige Situation in der Region es so ergeben, wird das Bild interprofessioneller Zusammenarbeit zu Veränderungen im Berufsbild führen, die personspezifisch bearbeitet werden müssen.

Netzwerklogik

> Bei welchen beruflichen Tätigkeiten möchten Sie »gesehen« werden?

Die Verunsicherung, die sich an dieser Stelle zeigt, verweist auf eine Unsicherheit, die dem Pfarrberuf professionstypisch innewohnt: Den pastoralen Dienst nicht in der Sprache gängiger Beruflichkeit vollends beschreiben zu können, löst Denkbewegungen aus, die immer wieder eingeholt werden müssen, um produktiv wirken zu können. Landessynoden, die sich bereits für die Einführung interprofessioneller Teams kirchlicher Berufe entschieden haben, kennen die Schwierigkeiten, die sich aus der Zuordnung disparater Dienstlogiken ergeben: So sind Arbeitszeiten, Besoldungsfragen, Weisungsbefugnisse und berufliche Absicherungen ganz konkrete neuralgische Themen, die in einer interprofessionellen Theorie kirchlicher Berufe mitzudenken sind, damit sich Konflikte, die sich gegenwärtig praktisch an vielen Orten aus diesen Unklarheiten ergeben, nicht ständig fortschreiben.

Um grundsätzliche Machbarkeiten auszuloten, sind in den letzten Jahrzehnten eine Vielzahl von repräsentativen Befragungen in mehreren Landeskirchen und empirische, auch qualitative Studien zu je aktuellen Themen der Pastoraltheologie durchgeführt worden. Mehrere Landeskirchen haben Leitbild- und Reformprozesse in Gang gesetzt, ihr Pfarrdienstrecht überarbeitet, Arbeitszeitmodelle eingeführt, verpflichtende Dienstbeschreibungen in die Fläche gebracht oder weitere Maßnahmen der Personalentwicklung ergriffen. All dies zeigt, wie stark sowohl die akademische Theologie als auch Kirchenleitungen auf Herausforderungen reagieren, die sich durch veränderte Praxen stellen, ohne sie bereits kirchentheoretisch vollends eingeordnet zu haben.

Das eine Amt und die vielfältigen Gaben, Formate und Kontexte: Die nach evangelischem Verständnis grundlegende theologische Auffassung vom *einen* Amt der Kirche hat die Annahme einer grundsätzlichen Gleichheit von Pfarrämtern aus sich heraus gesetzt. Der Umstand, dass es nur so gut möglich ist, Berechnungen über die Bemessungen von Pfarrstellen und damit verbunden auch die Arbeitszeit von Pfarrer:innen anzustellen, stabilisiert diese Vorstellung.

das ausdifferenzierte eine Amt

Der gesamtgesellschaftliche Wandel ist demgegenüber inzwischen so tiefgreifend, dass er nicht nur die gesellschaftlichen Teilsysteme (Wirtschaft, Politik, Recht, Religion …) gegeneinander abgrenzt, sondern die Teilbereiche selbst von einem hohen Maß an Differenzierung gekennzeichnet sind: Das Einzelne ist kein (unerwünschter, weil teurer) Sonderfall mehr, sondern die Regel.

Diversifizierung wird aus verschiedenen Richtungen angeschoben: durch die einzelne Pfarrperson, komplexe Kontextfaktoren sowie kirchliche Strategieentscheidungen.

Neben die allgemeine Qualifikation eines Pfarrers:einer Pfarrerin tritt ein Bündel von individuellen Kompetenzen und Gaben, die signifikant und programmatisch in den Beruf, in den Dienst eingebracht werden und das Amt prägen.

Gleichzeitig ergeben sich unvorhersehbare Entwicklungen für die pastorale Arbeit: Heutzutage gibt es angesichts solcher unvorhersehbaren Entwicklungen die explizite Erwartung, dass Kirchengemeinden ihre Angebote entsprechend anpassen. So sind etwa das Engagement in der Flüchtlingsarbeit, die pandemische Situation in den vergangenen Jahren oder die deutschlandweit organisierte Notfallseelsorge in den rheinischen Hochwasserregionen Beispiele für »große« Einflussfaktoren, wie man sie für viele konkrete Orte in einer Vielzahl nennen könnte. Diese eher chaotischen Einflussfaktoren auf den Pfarrberuf betreffen nicht nur das pastoraltheologische Selbstverständnis, das mehr oder weniger mit diesen Umständen konfligiert, sondern führen auch – eher schleichend und implizit – zu Profilierungen in der pastoralen Arbeit, die durch die jeweiligen Kontextbedingungen hervorgerufen sind.

Kontextsensibilität im Pfarramt

Schließlich sind es kirchliche Strategieentscheidungen, die auf gesamtgesellschaftliche Entwicklungen reagieren, die zu einer Diversifizierung des Pfarramts führen. Funktionale Dienste tragen zur kirchlichen Präsenz und Wirksamkeit in Gefängnissen, Schulen und beim Militär bei, sie leisten Anstaltsseelsorge und stabilisieren die Institution nach innen, auch als Dienstleister für Kirchengemeinden: Die einen reagieren auf die Vielfalt in der Gesellschaft, die anderen diversifizieren die Kirche nach innen. Nach dem Zweiten Weltkrieg und vor allem ab den 1960er-Jahren ging es darum, »den modernen menschlichen Situationen zu begegnen, diese geistlich zu deuten und die Menschen zur Nachfolge Jesu in allen Bereichen ihres Lebens zu führen« (Evangelische Kirche in Deutschland 1967, 28).

funktionaler Dienst

Aus dieser Entwicklung leitet sich der Dual von parochialem und funktionalem Dienst ab. Dies ist zum einen ein eher politisches Narrativ: Bereits in den 1960er-Jahren sind parochiale Dienste mit spezialisierten Nebenämtern, Schwerpunktgemeinden sowie Gruppenämter verschiedener Berufsgruppen im Gespräch. Zum anderen sind damit aber auch Fragen der Verteilung von Ressourcen verbunden, sodass eine Konkurrenz zwischen diesen beiden Formen der Pfarrberuflichkeit entstand.

Dual von parochialem und funktionalem Dienst

Während die einen punktuell und exemplarisch in das Vertrauenskapital der Kirche hineinarbeiten, gewährleisten Gemeindepfarrer:innen dieses Vertrauen kontinuierlich in der Breite. Jedoch sind auch in parochialen Logiken bereits Schwerpunktbildungen ausgeprägt worden, etwa durch die Delegation von einzelnen Arbeitsbereichen. Die unterschiedlichen Zuschnitte von Pfarrstellen führen mancherorts zu Konflikten, weil die jeweiligen Beruflichkeiten unterschiedliche Arrangements, etwa in der Auslotung von Dienst und Freizeit oder dem Verhältnis von Generalistentätigkeit und Expert:innentum, mit sich bringen.

unterschied-
liche Arran-
gements

Im Zuge bürgerlicher Vereinskirchlichung entwickelte sich das parochiale Gemeindepfarramt. Die Mehrheit der Dienstaufträge ist auch heute räumlich definiert: Derzeit arbeiten 68,4 % der Pfarrer:innen in Deutschland in parochialen Diensten (Evangelische Kirche in Deutschland 2020a, 12).

Die parochiale Orientierung ist vorreformatorischen Ursprungs, hat sich aber im Zuge eines vorrangig seelsorglichen Verständnisses des Pfarrberufs signifikant und zur heute typischen Form ausgeprägt. Gepaart mit der Einführung der Kirchensteuer machte dieses Bild des pastoralen Dienstes die kirchliche Raumordnung kleinräumiger und stabiler.

Pfarrer:innen haben dabei zweierlei im Blick: In *kirchentheoretischer* Hinsicht hält die Volkskirche durch Parochien die Spannung zwischen institutionell vorgängigen Strukturen, die einer Verwaltungslogik folgen, und dem Verlangen nach lebendiger Gemeinschaft. In *sozialräumlich orientierter* Hinsicht nötigen Mobilitätsanforderungen die Kirche dazu, immer auch andere Bindungslogiken als die Raumstabilität in den Blick zu nehmen. Dass Religiosität im Blick auf die:den Einzelne:n, die Gruppe und die Gesellschaft in der Parochie idealerweise zusammenfällt und ihren maßstäblichen Ausdruck findet, ist strittig. Diese Strukturen funktionieren oft nicht mehr. Dass Menschen, die sich in der Volkskirche in hohem Maße engagieren, in der Parochie Wirksamkeit erfahren, funktioniert nur von Fall zu Fall, ist insgesamt aber an seine Grenzen gekommen. Vor allem aber zeichnet sich ab, dass dieses Modell in der Zukunft nicht mehr finanzierbar sein wird, weil das allgemeine Verständnis von solidarischer Finanzierung einer flächendeckenden kirchlichen Präsenz gesamtgesellschaftlich nicht mehr vorhanden ist.

Inzwischen sind mancherorts wieder »Mammutparochien« im Stil des 19. Jahrhunderts entstanden, die die Idee der Parochie konterkarieren und mit dem Ideal von Einzelseelsorge konfligieren. Dennoch gibt es unterschiedliche strategische Konzepte wie etwa Regionalisierungsprozesse, die darauf zielen, die Parochie zu stabilisieren. Zunehmende Mobilität, erweiterte Kommunikations-, Handlungs- und religiöse Inszenierungsmöglichkeiten unter Digitalitätsbedingungen transzendieren die Gleichsetzung von »Raum« mit Geografie jedoch.

Umgekehrt können kleine Strukturen eine große Kraft entfalten, weil hier Menschen recht leicht in kirchlichen Belangen, die für sie selbst relevant sind, selbstbestimmt aktiv werden können (Endewardt/Wegner 2018). Pfarrer:innen haben hier die Aufgabe, zuallererst andere zu befähigen und zu fördern, diese Prozesse selbstbestimmt und doch koordiniert zu gestalten.

Kirchlich angemessen präsent zu sein, war und ist die Motivation zur Einrichtung funktionaler pastoraler Dienste. Im Zuge der gesellschaftlichen Ausdifferenzierung haben sie sich konsequenterweise auch ausdifferenziert, sodass es kaum möglich ist, sie angemessen zu kategorisieren. Eine Möglichkeit bietet folgende Übersicht:
- Spezialisierungen einer klassischen pastoralen Tätigkeit,
- zielgruppenbezogene Tätigkeiten,
- projektbezogene Tätigkeiten,
- auf den Pfarrberuf selbst bezogene Tätigkeiten und
- die Adaption fachfremder Tätigkeiten (Baden u.a. 2020).

Schwierig bleibt in allen Zuordnungsmodellen, dass funktionale Dienste überwiegend von ihrer Performanz her in den Blick genommen werden, nicht aber vom theologischen Leitungshandeln als Institution und dem Gestus von Kirchlichkeit her, die den Beruf der Pfarrperson gegenüber anderen kirchlichen Berufen kennzeichnen. Gestus von Kirchlichkeit

Der Pfarrberuf ist also mit einer strategischen Entscheidungssituation konfrontiert, was den Zuschnitt des Berufs angeht: Wird in größeren Räumen gearbeitet oder stärker spezialisiert? strategische Entscheidungssituation

Pfarrer:innen sind in diesen Spannungsfeldern vor hohe Anforderungen in Bezug auf Konzeptionsfähigkeit, Einlassung und Distanznahme, aber auch Resilienz gestellt. Derzeitige Entwicklungen lassen vermuten, dass mit der zunehmenden Fluidität aller Lebensbereiche auch die Angemessenheit der je aktuellen kirchlichen Strukturen frequenter auf dem Prüfstand stehen wird. Darin bleibt das Berufsbild des Pfarrers:der Pfarrerin je und je veränderlich: Verstärkt sind sie herausgefordert, »Gemeinden in ihrer organisationalen Mehrdeutigkeit zu sehen, deren Komplexität anzunehmen und ihr Leitungshandeln darauf abzustimmen« (Lückhoff 2021, 38). Strukturen auf dem Prüfstand

Eine weitere Flexibilisierung des pastoralen Dienstes, die sich im 20. Jahrhundert ausgeprägt hat, spielt diesen Tendenzen unter gegenwärtigen Bedingungen zu: das geteilte Pfarramt. Es zeigt sich in mehreren Gestalten: geteilte Stellenzuschnitte
- als Pfarrstelle, die von zwei Pfarrpersonen geteilt wird. Dabei sind nicht mehr nur die »klassischen« stellenteilenden Ehepaare im Blick,

die diese Arbeitsform in den vergangenen Jahrzehnten auch nicht immer freiwillig auf sich genommen haben;
- als Teampfarramt, bei dem in einer Kirchengemeinde mehrere Pfarrer:innen tätig sind, sowie
- in regionalisierten Pfarrämtern mit unterschiedlichem Formalisierungsgrad.

Daneben gibt es eine Reihe weiterer Stellenzuschnitte, etwa Teildienstverhältnisse auf persönlichen Wunsch und die Kombination von mehreren Stellenanteilen auf eine Pfarrperson. Biografiesensible Modelle sind solche von Teilzeit in Elternzeit, Sabbatical-Modelle sowie Regelungen zur Altersteilzeit.

Die Beruflichkeit dieser Dienste wird vor allem dadurch vorangetrieben, dass in diesen Bereichen viele Menschen in Teildienstverhältnissen arbeiten, die eine Abgrenzung von Arbeitsbereichen und Dienstzeiten erforderlicher machen als es bei einem 100 %-Dienstumfang der Fall ist: Hier ist die Notwendigkeit, den Stellenanspruch zu benennen und diskursiv zu vertreten, im Regelfall höher. Eine erste Phase nach Einführung der Teildienstverhältnisse war von der Verpflichtung geprägt, einen solchen Teildienst anzutreten, etwa für stellenteilende Ehepaare. Ziel war, bei gleichbleibendem Stellenpool möglichst viele Menschen in ein Pfarrdienstverhältnis zu bringen. Gleichwohl wurden in dieser Zeit immer noch vielen geeigneten Absolvent:innen Absagen erteilt. Die Verpflichtung zur Stellenteilung wurde 2009 für rechtswidrig erklärt. Heute hingegen sind es zunehmend freiwillige berufsbiografische Entscheidungen, die zu einem Teildienstverhältnis führen. Vor allem Pfarrer:innen in Teildienstverhältnissen üben ihren Beruf damit schon programmatisch so aus, dass sie ihn nicht als totale Rolle verstehen. Wie in einem Brennglas weisen Teildienstverhältnisse auf die Begrenztheit allen pastoralen Handelns hin, auf die Notwendigkeit, die eigenen Arbeit zu konzentrieren und zu fokussieren sowie darauf, dass das Verhältnis von Erwerbs- zu Care-Arbeit und Freizeit individuell ausgelotet werden muss.

Empirisches Material dazu liefert eine Studie von Gerhard Wild (2012), die die Auswirkungen des Teilzeitdienstes auf das Berufsbild am Beispiel der Evangelisch-Lutherischen Kirche in Bayern untersucht. Demnach sei die »verbindliche Erwartung«, dass Ehepaare Stellen teilen, eng mit der Einführung der Frauenordination verbunden gewesen (Wild 2012, 37) – ein Umstand, der aus heutiger Sicht skandalös anmutet.

Im Blick auf stellenteilende Ehepaare hat Ursula Offenberger (2008) in einer soziologischen Studie zu *dual career couples* im Pfarrberuf gezeigt, dass öffentliche Anforderungssituationen, die als zentral bewertet werden (vor allem Gottesdienste, Kasualien), tendenziell gleichberechtigt verteilt werden, während Aufgaben von Geschäftsführung, Management und solchen, die mit Kontakt mit der Kirchenleitung verbunden sind, überdurchschnittlich häufig als »Männersache« angesehen werden. Interessant daran ist darüber hinaus, dass sich am Phänomen der Stellenteilung, das empirisch derzeit gut 10 % der Pfarrerschaft ausmacht, besonders deutlich ablesen lässt, dass der Pfarrberuf von der modernitätstypischen Dissoziation von Erwerbs- und Familienleben durchzogen ist. Im Fall dieses Berufsmodells ist es eben nicht möglich, das neoromantisierende Bild einer Einheit von Leben und Arbeiten im Pfarrhaus, die auf die Care-Arbeit einer Pfarrfrau (und sei sie »auch noch« Pfarrerin!) zwingend angewiesen ist, fortzuschreiben. Dies ist ein Phänomen, das soziologisch etabliert ist und dort mit dem Begriff »Anderthalb-Personen-Beruf« bezeichnet wird (Beck-Gernsheim 1980, 68). Das geteilte Pfarramt hingegen symbolisiert die Aushandlungsprozesse, die für Professionsberufe überhaupt typisch sind.

> »Männersache«?

> Erwerbs- und Familienleben

> Aushandlungsprozesse

Das Teampfarramt des 20. Jahrhunderts galt als strukturkritische Reformantwort gegenüber der vorfindlichen Organisation der Landeskirche: Funktional gegliedert sollte es Alternativen gegenüber dem Primat von Volkskirchlichkeit, Parochie und Zentralstellung des Pfarramts eröffnen (Hermelink 2012, 285). Hierarchielose Zusammenarbeit von Pfarrer:innen wurde zum Programm erhoben (Nierop 2017, 87).

> Teampfarramt

> Sie unternehmen eine Teambuilding-Maßnahme mit Ihrem »inneren Team«. Wohin wird es gehen? Was erleben Sie dort? Was ist hinterher anders? Benennen Sie drei konkrete Dinge.

Gegenwärtig arbeiten Pfarrer:innen vor allem in städtisch geprägten Räumen mit Wachstumstendenzen in »mehrstelligen Pfarrämtern«. Oft ergibt sich diese Konstellation aus Fusionen in den letzten Jahren. Diese Pfarrstellen sind überdurchschnittlich oft mit Frauen besetzt, knapp ein Viertel arbeitet in Teilzeit.

Folgt man den Untersuchungsergebnissen von Jantine Nierop (2017) zu diesem Themenfeld, besteht eine vergleichsweise lose Koppelung zur Identifizierung mit bestehenden Strukturen, sodass dieses Format des Pfarramts von seiner Struktur her in besonderem

Maße komplexitätssensibel und modernitätstauglich zu sein scheint. Unterschiede im Berufsbild zu Pfarrer:innen in Einzelpfarrämtern seien erheblich und vorrangig durch soziale Prozesse bedingt: Pfarrer:innen haben dort wesentlich und notwendigerweise mit der weiteren Bezugsgruppe von Kolleg:innen zu tun. Dies führt in der Gemeinde oder im sonstigen Verantwortungsbereich zu spezifischen Dynamiken in Bezug auf Rollenübernahmen und Distanzierungen. Das für gemeinsame Pfarrämter modernitätstypische Ideal von Hierarchielosigkeit löst dabei zwingend permanente Aushandlungsprozesse aus.

Regionalisierung

Das Bild weitet sich noch einmal, wenn man auf größere Formate der Zusammenarbeit schaut. Dies betrifft zum einen die Ausweitung des Raumes, in Gestalt von Gestaltungs- oder Kooperationsräumen bis hin zu kirchenkreisweiten Dienstaufträgen, zum anderen betrifft es multi- und interprofessionelle Teams, in die Pfarrer:innen im Sinne eines pastoralen Gestaltungsraumes eingebunden sind.

Ostdeutschland

Die spezifische Perspektive von Pfarrer:innen in Ostdeutschland, insbesondere seinen ländlichen Gebieten, hat Kerstin Menzel (2019) untersucht: Hier spielen nicht nur unterschiedliche Deutungen des Pfarrdienstes »auf dem Lande« zwischen Defizit- und Ressourcenorientierung eine Rolle, sondern vor allem der Umstand, dass »kleine Zahlen« von Verantwortlichen und Kirchenmitgliedern auf »weiten Raum« an Fläche und Gestaltungsmöglichkeiten treffen. Die Deutung von Verantwortungsbereichen als Gestaltungsspielräumen, von Personen als solchen, die auf Anerkennung und Erfolg angewiesen sind, sowie die Identifizierung von Faktoren, die helfen, Arbeitsfülle zu begrenzen, tragen dazu bei, die Situation von Pfarrer:innen in Ostdeutschland im Diskurs zu ent-minorisieren sowie Ambivalenzen der eigenen Tätigkeit genauer zu beschreiben.

Der Rückbau von Infrastruktur lässt auch Synergieeffekte deutlicher als zuvor hervortreten, erzwingt sie vielerorts sogar: Es zeichnet sich ab, dass hier Nutzungserweiterungen, Kooperationen und mobile Angebote eher zum Regelfall avancieren. Projekt- und anlassorientierte Arbeitszusammenhänge (Erprobungsräume u. a.) sowie kirchliche Arbeit in sogenannten »komparativen Perspektiven« wie Fresh X, emergente Theologie und regiolokaler Kirchenentwicklung protegieren diese Prozesse konzeptionell. Sie lassen vermuten: Was derzeit oft noch flankierend-komparativ gedacht wird, wird zukünftig ganz selbstverständlich zum pastoral-kirchlichen Change Management gehören. Kontextualisierung als wesentlicher Faktor wird zu neuen Raummodellen führen; konsequentes Ernstnehmen von Digitalisierung wird zu Rhythmen von Kommunikation und Kooperation führen, die sich derzeit allenfalls erahnen lassen.

Weiterhin sind zwei Gegenüberstellungen zu bedenken, die in ihrer empirischen Relevanz strittig sind, deren Narrative aber stark sind: die Gegenüberstellung von Pfarrdienst auf dem Land und in der Stadt sowie derjenige in West- und Ostdeutschland.

auf dem Land und in der Stadt

Der Pfarrdienst auf dem Land gilt gerade in ländlich geprägten Gegenden als »Dienst nah am Menschen«, während der Pfarrdienst in der Stadt im Kontext anonymer Strukturen gestaltet werden müsse.

Die beiden EKD-Denkschriften »Wandeln und Gestalten. Missionarische Chancen und Aufgaben der evangelischen Kirche in ländlichen Räumen« (2007a) sowie »Gott in der Stadt. Perspektiven evangelischer Kirche in der Stadt« (2007b) widmen sich den beiden grundlegenden geografischen Bezugsgrößen des Pfarrberufs. Sie erheben Einspruch gegen mächtige Narrative des 20. Jahrhunderts (»das heile Leben auf dem Lande«/»die gottlose Stadt«) und deuten bereits 2007 auf eine signifikante Differenzierung der Lebenssituationen in den verschiedenen ländlichen und urbanen Räumen hin, denen je unterschiedliche Handlungsempfehlungen für den Pfarrberuf folgen.

Bezugsgrößen des Pfarrberufs

2011 wurde die erste sogenannte Land-Kirchen-Konferenz einberufen, die sich zur Aufgabe gemacht hat, den Um- und Rückbau des ländlichen Raums für das kirchliche Handeln zu bedenken. Die Dokumentation trägt den Titel »Auf dem Land daheim«.

Das Dorf als Ort ist zum exemplarischen Raum geworden, in dem neue Formen von kirchlicher und pastoraler Existenz erprobt werden, die zukünftig auch an anderen Orten, in denen kirchliche Berufsrollenträger:innen und Strukturen nicht (mehr) vorhanden sind, eine wichtige Rolle spielen werden. Das ist eine Herausforderung, der sich Pfarrer:innen annehmen.

Die gängige Unterscheidung von Pfarrdienst in der Stadt und auf dem Land ist im Horizont der Singularitätsthese obsolet geworden, weil sich langfristige Trends überall und vor allem auch digital verbreiten und durchsetzen. Allerdings zeigten sich Entwicklungen häufig zunächst in Städten, weil sich hier Wissensökonomie transformiert und »besondere«, singuläre Güter besonders einfach zugänglich sind. Umgekehrt profitiert der ländliche Raum von der (gelegentlich klischeehaften) Rede »einzigartiger Orte« und macht es leicht, emotionale Ortsbezogenheit aufzubauen (Fechtner 2012). Zugleich kommt ländlichen Räumen die Tendenz der gehobenen Mitte zugute, neo-gemeinschaftlich, in überschaubaren Bezugsräumen zu leben und regiolokal einzukaufen. Parallel federn politische Maßnahmen den demografischen Sog in die Städte ab. Auch die Pandemie hat Vorzüge des Lebens auf dem Land deutlich gemacht, die für viele Erwerbstätige erst durch ortsunabhängiges Arbeiten zugänglich wurden. Auf der anderen Seite lässt sich diese Tendenz zur Kleinräumigkeit gerade auch in Städten beobachten, in denen Menschen sich quartierbezogen orientieren. Wenngleich die Grenzen zwischen Stadt und Land unscharf bleiben, wird man doch von je verschiedenen Erwartungen sprechen müssen, die zu managen sind.

> Tauschen Sie mit jemandem in einer völlig anderen sozialräumlichen Situation für 14 Tage die Stelle. Tun Sie es einfach und sprechen Sie anschließend hinreichend detailliert miteinander, was Sie für Ihre reguläre Berufsausübung gelernt haben.

»Alles anders« oder *»überall gleich«?* Verschiedene Megatrends (v. a. Mobilität, *Silver Society* und Digitalisierung) üben allerorten Druck auf eine Angleichung der Lebensstile aus. Wie es in urbanen Räumen eine Tendenz zu Teamverantwortlichkeiten gibt, entwickelt sich umgekehrt das »Dorfpfarramt« zu einem Landpfarrberuf im Sinne einer regionalen Anlaufstelle, eines regionalen Stützpunktes (Fechtner 2012, 216, sowie Henkel 2020). Demgegenüber werden in Regionen, in denen Stadt und Land sehr markant aufeinandertreffen, die Gegensätzlichkeiten sehr deutlich wahrgenommen: So besteht beispielsweise ein großer Gegensatz zwischen einer jungerwachsenen Metropol-Kultur in/um Berlin und dem weiten Brandenburgischen mit vielen verstreuten Dörfern und Kleinstädten, in denen sich die Vakanzen deutlicher mehren als im Rest der Republik. Hier sind es derzeit weniger kirchenpolitische Strategien, sogenannte Landpfarrämter zu stärken, als positive biografische Erfahrungen von Berufsanfänger:innen mit dem Leben und Arbeiten auf dem Land, die es erleichtern, auf die Versehung solcher Stellen zuzugehen.

Aushandlung des Ästhetischen

Kunst, Kitsch und andere Geschmackssachen: Eine oft unterschätzte Erwartung ist die Ästhetisierungsanforderung kirchlicher, vor allem gemeindlicher Performanz, die an Pfarrer:innen herangetragen wird: Wie kirchliches Leben sich zeigt, in welchem Gewande religiöse Kommunikation sich ereignet, wird mithin nicht mehr selbstverständlich hingenommen. Ästhetiken sind lebensstilbezogen. Pfarrer:innen haben (mit) Sorge zu tragen für eine Ästhetik, die einem gesellschaftlichen Kontext, der differenzierte Praktiken von Ästhetik ausgebildet hat und insgesamt von einem hohen Transparenz- und auch Darstellungsbewusstsein geprägt ist, angemessen ist. Nicht umsonst gilt Ästhetik als eine der wesentlichen Qualitäten von Kulturalisierungsprozessen (Reckwitz 2017, 88). Dinge transportieren eben nicht nur Sinn, sondern haben eine sinnliche Anmutung. Beides muss zusammengedacht werden (Reckwitz 2017, 89). Im Bereich der sichtbaren Dinge, der Gestaltung und Dekoration, liegen in Gemeinden oft Konfliktfelder, die Pfarrer:innen nicht nur moderieren, sondern in denen sie sich auch positionieren müssen. Dabei geht es meist um mehr als um Farben, Stoffe und Materialien, sondern um Werte, die mit ästhetischen Wahrnehmungen verbunden sind. Wie positionieren Gemeinden und kirchliche Einrichtungen sich in einer Gesellschaft verspiegelter Oberflächen und einer Kultur der »Berührungslosigkeit« (Thadden 2018)? Ästhetik hat in jedem Fall eine Nähe zum Imaginären und bestimmt deshalb unsere Bilder und Metaphoriken des Religiösen mit. Umgekehrt erklärt dieser Zusammenhang, weshalb sich Klischees in Bezug auf Kirche und pastorales Handeln so hartnäckig halten: Was längst überlebt ist und für die einen Beheimatung symbolisiert (und damit bewusst oder unbewusst eine Gegenwelt inszeniert), kann von anderen nicht einmal mehr als retro-chic gedeutet werden: Es gilt als verstaubt, überholt und abständig und bestätigt, was man von Kirche zu wissen meint. Die Amtstracht von Pfarrer:innen verstärkt diesen Eindruck, weil sie ein scheinbar überzeitliches Bildprogramm aufruft, das heute kaum noch jemand historisch einordnen kann.

Ein Bewusstsein für (kommunikative und ökonomische) Investitionen, die in diesem Bereich gut angelegt sind, lässt sich mancherorts beobachten. Die Bedeutsamkeit solcher Praktiken gilt umso mehr, als intensivierte sinnliche Wahrnehmungen für religiöses Erleben und Deuten perspektivisch vermutlich eher an Relevanz gewinnen als verlieren werden. Die Herausforderung an Pfarrer:innen bleibt, sich zu ihren eigenen Präferenzen ins Verhältnis zu setzen und befähigende Diskurse anzustiften und zu begleiten, die andere instand setzen, Wirkungen des Ästhetischen als religiösen und sozialen Faktor zu beschreiben und zu gestalten.

> Machen Sie sich klar, wann es sich lohnt, über Geschmack zu streiten. Suchen Sie gegebenenfalls Verbündete.

Das Pfarrhaus und die Gastfreundschaft: Das evangelische Pfarrhaus ist ein symbolpolitisches Assistenzsystem für das Ineinander von öffentlicher und privater Dimension des Pfarrdienstes. Beim Thema »Leben im

Marginalien: Nähe zum Imaginären · Talar · sinnliche Wahrnehmungen · Leben im Pfarrhaus

Pfarrhaus« liegen symbolische Aufladungen und funktionale Notwendigkeiten ineinander. Das führt zu Konflikten zwischen Privilegien und Pflichten. In der Diskussion über das Für und Wider der Dienstwohnungspflicht kommt es permanent zu Verschiebungen in der Argumentation.

In einer signifikanten und derzeit mehrheitlichen Situation bietet das Wohnen im Pfarrhaus eine gute Voraussetzung dafür, um als Pfarrer:in in einem geografisch klar umrissenen Bereich durch Erreichbarkeit, Residenz und Teilen einer Lebenswelt die eigene Verantwortlichkeit zu verdeutlichen. Dies gilt vor allem dann, wenn Pfarrer:innen an Orten Dienst tun, in deren Region es für sie unerschwinglich wäre, geeigneten Wohnraum zu mieten oder ein Amtsbereich nicht anders als im Pfarrhaus zur Verfügung steht. Unter gegenwärtigen Bedingungen wird man allerdings trotzdem sagen können, dass das Pfarrhaus keine Notwendigkeit für die Ausübung des Pfarrberufs in einem engeren Sinne darstellt.

Als immobiler Teil der Kirche in einer mobilen Welt wird das Leben im Pfarrhaus als (im Regelfall) selbstverständlicher Teil des Pfarrberufs zumindest im gemeindlichen Dienst fraglich. Im fortdauernden Bedeutungswandel addieren sich sehr unterschiedliche Erwartungen an die allgegenwärtige Pfarrperson und ihr familiales Umfeld. Das Modell eines *One-fits-all*-Gebäudes führt angesichts der Pluralität von Lebens- und Wohnformen von Pfarrer:innen zu zahlreichen praktischen und auch finanziellen Problemen. Diese Probleme weisen allerdings auf einer inhaltlichen Ebene darauf hin, dass die Frage, inwiefern das kernfamiliale Umfeld einer Pfarrperson Anteil hat und an den berufsspezifischen Gegebenheiten des Pfarramts mitwirkt, heute offensichtlich mehr denn je eher individuellen Aushandlungsprozessen zwischen dem:der Pfarrer:in, seinem:ihrem Lebensumfeld und einer Gemeinde unterliegt. Eine kirchliche Konvention, der zufolge es ein (offensichtliches oder versjtecktes) Rollenset für Pfarrfrauen, Pfarrmänner und Pfarrerskinder gäbe, wird in den meisten Regionen der deutschen Landeskirchen zunehmend strittig. Darüber hinaus wird man sagen können, dass die Wirksamkeit pfarramtlichen Tuns gegenwärtig nicht zwingend daran gekoppelt sein muss, wo ein:e Pfarrer:in wohnt: Ein kluger Umgang mit Mobilität, digitalen Tools sowie öffentlichen Repräsentationsanlässen lässt eben auch andere Wege zu, Reichweite und die damit einhergehend notwendige Sichtbarkeit der Amtsperson zu erzielen, soweit dies erforderlich ist. Freilich zeigen sich auch hier Ungleichzeitigkeiten in der Entwicklung der Beruflichkeit: Erwartungen, die auf das Leben im Pfarrhaus als einer besonderen und exemplarischen Lebensform abzielen, sind auch gegen-

Privileg und Pflicht

One-fits-all-Gedanke

Reichweite und Sichtbarkeit

wärtig an vielen Orten vorhanden und hängen gewiss auch damit zusammen, dass es sich um einen religiösen Beruf handelt, der es mit einem Wirkfeld von Unverfügbarkeiten zu tun hat, das über die Grenzen der Berufsrollenträger:innen hinausgeht.

Solange Kirche sich in ihrer Wirksamkeit auf die Fläche bezogen denkt, wird man nicht umhinkommen, sowohl in strukturschwachen Gegenden, in denen es kaum Mietraum gibt, als auch in Ballungsgebieten, in denen es für Pfarrpersonen kaum bezahlbaren Mietraum gibt, Dienstwohnungen vorzuhalten, um die Residenz- oder Präsenzpflicht zu erfüllen. Dass diese gegenwärtigen Standards mindestens durchschnittlichem Wohnkomfort entsprechen und die Dienstwohnungspflichtigen langfristig finanziell nicht über Gebühr belasten, ist an manchen Orten eine Herausforderung.

Pfarrer:innen gestalten das Leben im Pfarrhaus höchst unterschiedlich: Die einen zeigen damit exemplarisch, wie sie eine Lebenswelt auf Zeit teilen. Dies bekommt besondere Bedeutung, insofern es heutzutage kaum mehr Berufe gibt, die an eine Dienstwohnungspflicht gekoppelt sind. Vermutlich auch deshalb erzeugt das Leben im Pfarrhaus nicht nur in der innerkirchlichen Öffentlichkeit, sondern auch darüber hinaus eine Aufmerksamkeit, die an vielen Orten eine wichtige Ressource für das öffentliche Wirken der Kirche darstellt.

Die Bandbreite, wie Pfarrhäuser genutzt werden, ist größer geworden. Anders als früher können in manchen Landeskirchen Pfarrer:innen eine Wohngemeinschaft oder kleine christliche Kommunität im Pfarrhaus gründen, Partner:innen oft einer eigenen Berufstätigkeit im Pfarrhaus nachgehen. Mitunter gewinnt das Pfarrhaus den Charakter eines Ateliers oder einer Werkstatt. Es wird dann ein Ort der Begegnung von Religion und Stadtkultur oder von Religion und Kunst. Dass Pfarrhäuser zu innovativen »abduktiven Lernorten«, gar einer »unerkannten Avantgarde« werden, wie Wolfgang Beck (2009) es für den römisch-katholischen Bereich benennt, die etwa in Gestalt von *residencies* Raum für die Bearbeitung begrenzter (kirchlicher) Aufgabenstellungen bieten, ist allenfalls am Rande im Blick. Derzeit werden Pfarrhäuser auch vereinzelt bewusst für Angehörige anderer kirchlicher Berufe geöffnet, die der gastfreien Haltung, die dem Christentum von seinen Anfängen an eigen ist und zu seiner Attraktivität und Ausbreitung beigetragen hat, Ausdruck verleihen.

Dies macht deutlich, dass die symbolische Funktion des Pfarrhauses nicht an einer Amtsperson hängen muss, sondern vielmehr auch von einer bestimmten Logik des Tätigseins und gemeinsamen Lebens geprägt sein kann, die sich unabhängig von einer einzelnen Person an diesem spezifischen Ort evangelischen Lebens verankert und möglicherweise sogar etabliert. Das evangelische Pfarrhaus wäre damit ein spezifischer Ort einer »lebendigen Übergangszone zwischen Innen und Außen« (Wagner-Rau 2009, 97).

Aufgaben-
fülle

Die Aufgabe ist immer größer als die Person: Auch dann, wenn Pfarrer:innen »Kernaufgaben« für sich identifiziert haben oder gar für sich ein »persönlichkeitsspezifisches Berufsbild« (Klessmann 2012, 183) entwickelt haben, leiten sie daraus im Regelfall keine Priorisierungen oder gar Strategien ab. Begrenzungen als anthropologisches Datum zu akzeptieren oder gar sinnproduktiv zu deuten (Luther 1991), stellt sich vielen Pfarrer:innen als bleibende Aufgabe. Ambivalenzen sind zu managen, Ambiguitäten auszuhalten. Judith Winkelmann hat zeigen können, dass sowohl verschiedene Methoden der Selbstbegrenzung, die Ausweitung handwerklicher Fähigkeiten, vor allem im Bereich von pastoraler Leitung, leitende Unterstützungssysteme als auch supervisorische Arbeit helfen können, um effektive Strategien der Selbstbegrenzung zu entwickeln (Winkelmann 2019). Pastoraltheologisch wird hier deutlich, dass Singularisierung höhere Anforderungen an den:die Einzelne:n richtet, mit Allmachtsansprüchen an sich selbst, Enttäuschung und Kränkung, Neid und Konkurrenz sowie der Begrenztheit des eigenen Lebens überhaupt umzugehen. Diese droht fortlaufend manipuliert zu werden von der unabschließbaren Aufgabe, mit Transzendentem umzugehen.

arbeits-
bezogene
Gesundheit

In diesem Bereich wird besonders deutlich, dass kirchenleitendes Handeln auch ein Assistenzsystem für den pastoralen Dienst darstellt: So hat etwa die EKD eine Studie zur arbeitsbezogenen Gesundheit in Auftrag gegeben, die v. a. auch signifikante Differenzen im Blick auf Stadt- und Landpfarrämter untersucht (Stahl u. a. 2019). Eine Reihe von Landeskirchen haben in den letzten Jahren Maßnahmen zur Salutogenese ihrer Mitarbeitenden eingesetzt (Heyl u. a. 2015) und finanzieren geistliche Auszeiten vom Dienst.

> Was sind Ihre Auszeiten im Alltag? Welche Kalenderfarbe haben sie?

Pfarrer:in
sein im Rück-
bau der
Organisation
Kirche

Stressoren für die Person und die Trostbedürftigkeit der Organisation: Der organisationale Rückbau wird vor allem dort wahrgenommen, wo Kirche besonders sichtbar ist und wo sie subsidiär Aufgaben des Sozialstaates erfüllt: in Kindertagesstätten, bei Schul- und Betriebsseelsorge, in diakonischen Einrichtungen. In kleinräumig strukturierten Gegenden wird der Abbau von Pfarrstellen oft als Verlustgeschichte erzählt, ohne dass dies direkt mit dem gegenwärtig veränderten Mitgliedschaftsverhalten der Gesamtbevölkerung in Verbindung gebracht wird. Es zeigt zugleich, wie stark kirchliche Arbeit zum einen über diakonische Angebote, zum anderen über unmittelbare Kommunikation definiert wird. Ein historisch weiter Blick, der zeigte, dass die dichte Versorgung mit Pfarrstellen eher eine geschichtliche Ausnahme der letzten Jahrzehnte darstellte, ist meist nicht vorhanden.

Innerkirchlich gilt die Diskussion um den Wandel der Kirche gemeinhin als Stressor. Auswirkungen kristallisieren sich bei den Pfarrer:innen. Aus den Debatten, die durch das EKD-Papier »Kirche der Freiheit« (2006) angestoßen worden waren, folgten überwiegend keine alternativen Handlungsspielräume. Es entstanden nicht nur Proberäume, sondern zuweilen große Verunsicherungen unter den Berufsrollenträger:innen. Die Offenheit des Evangeliums führt – gekoppelt mit Dienstleistungsmetaphoriken, Qualitätsstandards und Kennzahlen – in berufsspezifische Dilemmata, die Einzelne zwar bearbeiten, nicht aber lösen können. Ausschlaggebend dürfte auch gewesen sein, dass implizit offensichtlich war, dass es sich bei allen qualitativen und quantitativen (»Wachsen gegen den Trend«) Strategieentwürfen um gegenkulturelle Impulse handelte: Während der Trend der Organisationsformate gen »klein und fein« ging, verschrieben sich die EKD-Gliedkirchen einer Wachstumsideologie, die kaum zu unterschätzenden Einfluss auf die Haltung von Pfarrer:innen hatte – zum Teil bis heute. Deshalb konnten auch einlenkende Maßnahmen wie beispielsweise »Zuversichtlich kleiner werden« kaum nachhaltige Wirksamkeit entfalten. Offensichtlich konnte man sich das allein schon demografisch bedingte *Downsizing* der organisationalen und institutionellen Gestalt der Kirche und die damit verbundenen Veränderungen für den Pfarrberuf (und andere kirchliche Berufe) erst nach und nach eingestehen. In einem gesellschaftlichen Kontext, der lange von einer anhaltenden Wachstumsideologie gekennzeichnet war, war das kaum vermittelbar. Niemand anderes als die Kirchen selbst konnten sich die Erlaubnis geben, Entwicklung klarzusehen, Entscheidungen zu treffen und Trauerprozesse auszuhalten: Wie tröstet man eigentlich eine Organisation? Erst langsam werden – vornehmlich motiviert durch die Pfarrer:innen vor Ort – wieder Denkfiguren von Kirche ins Gespräch gebracht, die theologische Grundlegung der Kirche und organisationale Gestaltungslogik als eigenständige Argumentationen einer Sache be-

Diakonie und Kommunikation

trachten. Aus diesen Impulsen nähren sich auch die aktuellen Leitbild-
prozesse mancher Landeskirchen.

> Sprechen Sie mit einer verantwortlich leitenden Person in einem klei-
> nen/mittelgroßen Dienstleistungsbetrieb über die Entwicklung des
> Unternehmens in den letzten 10 bis 20 Jahren. Gehen Sie allein dorthin.

Was die Entwicklung kirchlicher Strukturen, insbesondere Prozesse des
Rückbaus (Stellenabbau, Patchworkstellen, Gemeindefusionen, Regionalisierungsprozesse usw.) für Pfarrer:innen faktisch im beruflichen Alltag
bedeutet, war wenig im Blick. Arbeitsverdichtung und diffuse Aufgabenbeschreibungen stellen beruflich nicht zu unterschätzende Stressfaktoren
dar. Pfarrer:innen wirken nicht selten überfordert, sofern die traditionellen, parochial orientierten Erwartungen an sie gerichtet werden. Bei anderen lösen *Change*-Anforderungen Stress aus. Dieser programmatische

Rückbau   Umbau, der faktisch ein Rückbau der Institution ist, führt von außen betrachtet auch zu der Annahme, dass die Kirche zunehmend geschwächt
ist. In dem Maß, in dem Pfarrer:innen als überfordert wahrgenommen
werden, erscheint auch Kirche als krankmachend und imageschädigend,
als unattraktive und innovationsfeindliche Arbeitgeberin (Stephan Pohl-
Patalong 2017, 109). Die Organisation selbst zeigt ein deprofessionalisiertes
Antlitz. Die Tendenz, stetig an Mitgliedern zu verlieren, verstärkt diese
Deutung. So kann die Überforderung auch dann weiter bestehen, wenn
die Performanz quantitativ sogar abnimmt.

In der Folge intensivierten sich nun sowohl kirchenstrategische als
auch individuelle Maßnahmen, die Berufszufriedenheit von Pfarrer:in-
nen zu stabilisieren und sogar zu erhöhen. Man erinnerte sich an Modelle,
die zu einer anderen Zeit und unter anderen Vorzeichen schon einmal
funktionierten: Teilzeitdienst und andere flexiblere Lösungen wurden
gefördert und hatten Konjunktur. War Stellenteilung in der Geschichte
des Pfarrberufs zunächst ein Zwang, so wurde dieses Modell jetzt als Lösung entdeckt. Berufsanfänger:innen wählen mehr und mehr freiwillig
ein Teildienstverhältnis. Auch die Stabilisierung kirchlicher Beruflichkeit durch Interprofessionalität kam – nach einer breiten Rezeption in
den Kirchen der DDR in den 1970er-Jahren – wieder ins Rampenlicht.
Diese Entwicklungen wurden in den Landeskirchen unterschiedlich aufgenommen. Manche bedachten dies als neue Entwicklungen, andere
sagen gern:»Das machen wir doch schon immer so.« Dritte schließlich
fragen sich, wie es gelingen kann, überhaupt Menschen für andere kirch-

liche Berufe zu gewinnen. Zuweilen herrscht eine Kultur vor, in der sich
der:die Pfarrer:in leicht selbst für »ihr interprofessionelles Team« halten
kann. Ob es in diesen Fragen der Zuschnitte von Beruflichkeiten eine
faktische EKD-weite Tendenz geben wird oder ob die regionalen Unterschiede dauerhaft bestehen bleiben, ist derzeit noch offen.

Das Postwachstumspfarramt: Die jüngere Generation der Pfarrer:in-
nen hat es in dieser Situation leicht, ihrer Einstellung zum Beruf durch
die Forderung nach klaren Dienstbeschreibungen Gehör zu verschaffen.
Die gegenwärtig stark diskutierte Vision einer Postwachstumsideologie,
gepaart mit dem verbreiteten Misstrauen gegenüber großen Institutionen, lässt vermuten, dass zumindest mittelfristig quantitative Wachs-
tumsrhetoriken im kirchlichen Kontext kaum auf fruchtbaren Boden
fallen dürften.

Degrowth/
Postwachs-
tumsvision

2 Praktisch-theologisches Update – Aufbrüche und neue Ansätze

Pfarrer:innen sind heute in hohem Maße gefordert, in eigener Person ein Selbstverständnis ihres Berufs zu entwickeln. Das bloße Innehaben des ˉAmtes klärt längst nicht mehr, was den Pfarrberuf ausmacht und welche Aufgaben mit ihm verbunden sind. Es bedarf aufseiten der Pfarrer:innen kontinuierlich konzeptioneller Energie, Prioritäten zu setzen und zu entscheiden, was sie in der Ausübung ihres Berufs tun und was sie lassen.

In den letzten beiden Jahrzehnten erlebt das Interesse am Pfarrberuf Konjunktur: Pfarrvertretungen, Kirchenleitungen und Vertreter:innen der Theologischen Fakultäten haben den Diskurs über den Pfarrberuf in Studien, Konsultationen und Publikationen vorangetrieben. Pastoraltheologie boomt.

Im Folgenden heben wir die aus unserer Sicht zentralen Denkanstöße für das Selbstverständnis von Pfarrer:innen und für die zukunftsfähige Gestaltung des Pfarrberufs aus der pastoraltheologischen Debatte hervor. Dabei haben wir vor allem die zurückliegenden zwanzig Jahre der Diskussion im Blick, also das erste Fünftel des 21. Jahrhundert seit dem Jahr 2000. Ein Rückblick auf die Dynamik der pastoraltheologischen Diskussion steht zu Beginn, um die Brisanz der gegenwärtigen Neuansätze sichtbar zu machen.

2.1 Wiedererwachen des Interesses am Pfarrberuf

Der Grund für das Wiedererwachen der Pastoraltheologie am Ende des 20. und am Anfang des 21. Jahrhunderts liegt in der fundamentalen Verunsicherung über den Pfarrberuf angesichts der sich unaufhaltsam vollziehenden Transformation von Kirche und Gesellschaft in der Postmoderne. Die tiefgreifenden Prozesse der Pluralisierung und Individualisierung, die damit einhergehende schwindende Überzeugungskraft der Kirche als Institution sowie der massive Rückgang der Ressourcen der Kirche haben zu einer Neubesinnung auf den Pfarrberuf genötigt.

Der Pfarrberuf war seit über hundert Jahren immer wieder mehr oder weniger unverblümt infrage gestellt worden. »Bedürfen wir des Pfarrers noch?«, das hat schon 1906 der ehemalige Theologiestudent Theodor Kappstein gefragt (Kappstein 1906). Während die Liberale Theologie den Pfarrberuf als unverzichtbare Profession für die moralische und religiöse Bildung in der Gesellschaft begriff, pochte die Dialektische Theologie auf die Notwendigkeit, Gott als den »ganz Anderen« zu verkündigen. Bis in die 60er-Jahre des 20. Jahrhunderts stand aber unbeschadet solcher Positionierungen weithin fest, was Pfarrer praktisch tun und wer sie sind, nämlich Amtspersonen, die als solche predigen, Seelsorge und »Katechese« betreiben und ein Pfarramt führen. Dementsprechend wurde in der Pastoraltheologie das traditionelle »Handwerk«, die »Amtstechnik (für das Pfarramt überlieferter Gestalt)« gelehrt (Otto 1970, 11). Im Zuge der Neuformatierung und Öffnung der Praktischen Theologie in den 1970er-Jahren hin zu gesellschaftlichen und humanwissenschaftlichen Fragestellungen haben soziologische Fragestellungen die enggeführte Pastoraltheologie erweitert und auch abgelöst. Mit der Zeitschrift »Theologia Practica« (seit 1966) gründete Gert Otto ein Forum, auf dem die gesellschaftlichen Rahmenbedingungen von Kirche und Religion als zentrale Einflussfaktoren diskutiert werden konnten. Die »soziologische Wende« prägte den Zugang mehrerer Generationen von Pfarrer:innen zu ihrem Beruf.

»Der Pfarrer ist anders« – diese These und der gleichnamige Titel des Beitrages von Manfred Josuttis (1982) signalisierten ein neues pastoraltheologisches Interesse am Pfarrberuf. Der unter Pfarrer:innen damals breit rezipierte und in vier Auflagen erschienene Band bildet den Auftakt zahlreicher neuer pastoraltheologischer Entwürfe. Josuttis zeichnete den Pfarrberuf in seine bis heute typischen Spannungsfelder zwischen gesellschaftlichen Erwartungen, eigener Person sowie theologischem Auftrag ein und gab damit der Erfahrung von Pfarrer:innen nachhaltig Ausdruck. Der Aspekt der Andersartigkeit und Fremdheit bezog sich bei Josuttis auf das Selbstbild und die Rolle des Pfarrers in der Gemeinde und Gesellschaft, aber auch auf die gesellschaftliche Wahrnehmung des Pfarrberufs. Heute ist der Begriff neu anschlussfähig für Pfarrer:innen und bezieht sich auch auf ihr Verhältnis zur Institution Kirche. Hier wie da zeigt er an, dass (Total-)Inklusionen nicht vollzogen werden.

Seit dem Jahr 2000 sind zahlreiche pastoraltheologische Publikationen erschienen. In den Titeln dieser einschlägigen Beiträge Praktischer Theolog:innen wie Isolde Karle, Michael Klessmann, Christian Grethlein, Jan

»Bedürfen wir des Pfarrers noch?«

»Der Pfarrer ist anders«

Hermelink, Ulrike Wagner-Rau und Bernhard Dressler spiegelt sich ein
Kaleidoskop von Facetten, die den Pfarrberuf unter den Bedingungen der
(Post-)Moderne jeweils unterschiedlich beleuchten. Zu nennen sind etwa:

- »Der Pfarrberuf als Profession. Eine Berufstheorie im Kontext der mo-
  dernen Gesellschaft« (Karle 2011),
- »Stabile Identität – brüchiges Leben? Zum Bild der Pfarrerin/des Pfar-
  rers zwischen Anspruch und Wirklichkeit« (Klessmann 1994),
- »Pfarrer – ein theologischer Beruf!« (Grethlein 2009),
- »Kirche leiten in Person« (Hermelink 2014),
- »Auf der Schwelle. Das Pfarramt im Prozess kirchlichen Wandels«
  (Wagner-Rau [2]2011),
- »Innenansichten. Zum professionellen Umgang mit Religion im Pfarr-
  amt« (Dressler u. a. 2017).

Die Phase profilierter Beiträge Einzelner ist zum einen in kirchlichen
und wissenschaftlich-theologischen Zeitschriften wie dem »Deutschen
Pfarrerblatt«, den »Zeitzeichen« sowie der »Praktischen Theologie« und
»Pastoraltheologie« bis in die Gegenwart hinein weitergeführt worden.
Zum anderen führen Fachtagungen den Diskurs bewusst generationen-
übergreifend und unter Einbezug verschiedener Professionen, die sich
mit dem Pfarrberuf beschäftigen. Der Diskurs findet auf Initiative von
Kirchenleitungen wie etwa der Evangelisch-Lutherischen Kirche in
Bayern zum »Berufsbild: Pfarrerin, Pfarrer« (Nitsche 2015), aber auch
landeskirchenübergreifend in Verantwortung der Evangelischen Kirche in
Deutschland (EKD), des Sozialwissenschaftlichen Instituts der EKD (SI),
des Evangelisch-Theologischen Fakultätentages und der Wissenschaftlichen Gesellschaft für Theologie statt. Darin wird das Anliegen deutlich,
unterschiedliche Perspektiven zusammenzuführen (Schröder 2020 und
die epd-Dokumentationen 30, 2019 sowie 49, 2020). Programmatisch
melden sich explizit *junge* Pfarrer:innen zu Wort. Hamburger Pastor:in-
nen stellen neue Modelle der Gestaltung des Pfarrberufs vor, etwa in der
Publikation »Das Pfarrbild kommt ins Rollen. Das Kugellager« (Gruppe
U45 2017). In dem Band »Kirche der Zukunft. Zukunft der Kirche. 23
junge Pfarrerinnen und Pfarrer erzählen« reflektieren die Autor:innen
ihren Beruf bewusst aus subjektiver Sicht (Herzig u. a. 2021); es zeigt sich
eine Tendenz, die eigene Berufstätigkeit durch authentizitätsorientiertes
Storytelling zu rekonstruieren und auf übergreifende Deutungen oder
kirchentheoretische Einbettungen des eigenen beruflichen Tuns weitgehend zu verzichten. Darin sind die Beiträge typisch postmodern.

2.2 Zusammengehörigkeit von Pfarrbilddebatte und Kirchenreform

Im Zuge des Ringens um ein angemessenes Verständnis des Pfarrberufs und seiner Gestaltung hat sich ein klarer Konsens in der praktisch-theologischen Forschung herausgebildet: Der Pfarrberuf kann nur im Zusammenhang der Debatte um notwendige Kirchenreformen und entsprechende kirchentheoretische Erwägungen beschrieben werden (Hermelink 2011 und 2014). Isolierte pastoraltheologische Ansätze sind obsolet geworden. Pastoraltheorie und Kirchentheorie gehören zusammen. Das heißt: Der Charakter des pastoralen Berufs kann nur im Zusammenhang der Beschreibung dessen, was Kirche ist und sein soll, erfolgen. Exemplarisch wird dies im gegenwärtigen Reformprozess der Evangelisch-Lutherischen Kirche in Bayern sichtbar, die ihre zunächst eigenständige Debatte zum »Berufsbild von Pfarrerinnen und Pfarrer« zusammengeführt hat mit dem landeskirchlichen Zukunftsprozess »Profil und Konzentration« (ELKB 2019).

Dazu kommt: Nicht nur angesichts rückläufiger ökonomischer Ressourcen der Kirche, sondern nicht zuletzt auch im Zuge der Thesen des Praktischen Theologen Christian Grethlein zu den verschiedenen Modi christlicher Kommunikation (Gemeinschaftlich Feiern, Lehren und Lernen, Helfen zum Leben) rücken gegenwärtig explizit auch alle anderen kirchlichen Berufe in den Blick, die ihrerseits einen wesentlichen Beitrag zur Kommunikation des Evangeliums in den verschiedenen Bereichen leisten. Modelle multi- oder interprofessioneller Zusammenarbeit der verschiedenen kirchlichen Berufe bestimmen die Debatten um die Profilierung des Pfarrberufs. In dieser Perspektive kommt der Pfarrberuf nicht mehr als »Schlüsselberuf« im Sinn eines Solitärs, sondern als ein Beruf neben anderen kirchlichen Berufen in den Blick. Das entbindet aber nicht von der Aufgabe, den Pfarrberuf als solchen zu plausibilisieren, das Spezifische des pastoralen Berufs zu markieren und von daher dessen Gestaltung zu profilieren. Die folgenden Abschnitte widmen sich den verschiedenen Modellen, den Pfarrberuf zu profilieren und zu plausibilisieren, und zwar unter den drei grundlegenden Bezugsgrößen des Pfarrberufs: Gesellschaft, Person, Kirche.

2.3 Plausibilisierung des Berufs im Blick auf die Gesellschaft

»Ach, die Pastoren müssen richtig studieren? Ich dachte, die machen das freiwillig, ehrenamtlich oder so.« – Der Kommentar des Vaters einer Konfirmandin bringt die schwindende Wahrnehmung des Pfarrberufs als »richtigen« Beruf auf den Punkt. Die Beruflichkeit der pastoralen Arbeit im Pfarrberuf erschließt sich nicht mehr von selbst. Der seit den 60er-Jahren des vergangenen Jahrhunderts rasant vorangeschrittene Plausibilitätsverlust von Kirche und christlicher Religion insgesamt hat sich nachhaltig im Bedeutungsverlust des Pfarrberufs ausgewirkt. Verschiedene Ansätze haben dennoch erneut den Versuch unternommen, den Pfarrberuf im Rahmen des gesamtgesellschaftlichen Zusammenhangs verändert zu plausibilisieren.

Der Pfarrberuf als Profession: Die große Wirkmacht und breite Rezeption der von Isolde Karle vorgelegten »Berufstheorie im Kontext der modernen Gesellschaft« mit dem Titel »Der Pfarrberuf als Profession« (Karle 2011, 2008) lässt sich mit der wachsenden Kränkung und Verunsicherung erklären, die mit dem gesellschaftlichen Bedeutungsverlust des Pfarrberufs verbunden ist. Isolde Karle greift auf die Systemtheorie Niklas Luhmanns (1927–1998) sowie die Professionstheorie von Rudolph Stichweh, einem

Schüler Luhmanns, zurück. In dieser Linie ordnet sie den Pfarrberuf den Professionen zu. Pfarrer:innen sind wie Richter:innen und Ärzt:innen Inhaber:innen einer Profession. Während Richter:innen dem Funktionssystem des Rechts, Ärzt:innen dem Funktionssystem der Gesundheit zugeordnet sind, besteht die Aufgabe der Pfarrer:innen darin, möglichst vielen Menschen den Zugang zum Funktionssystem Religion zu eröffnen. Bei allen Professionen ist das Studium der entsprechenden Referenzwissenschaft – im Fall der Pfarrer:innen die Bildung theologischer Kompetenz – für die Ausübung der Professionsaufgabe genauso unabdingbar wie die vertrauenswürdige persönliche Interaktion mit nichtprofessionellen »Laien« (Karle 2021, 141–148). Dieser professionstheoretische Ansatz Karles wurde in der Kirche und unter Pfarrer:innen mit großer Zustimmung, ja Erleichterung aufgenommen und wird auch in der Praktischen Theologie allgemein vorausgesetzt. Der Pfarrberuf erscheint nicht nur als klar umrissen, wissenschaftlich fundiert, erlernbar und handhabbar, sondern auch als gesellschaftlich plausibel verankert, ja als systemrelevant. Die Fraglichkeit des Pfarrberufs erscheint durch diese Einordnung in die Professionstheorie insgesamt überwunden. Diejenigen Pfarrer:innen, die den

Zusammenhang von Pfarrberuf und Gesellschaft eher lose sehen, empfinden die Einordnung des Berufs in die Professionstheorie auch als Überforderung. Das Innehaben einer Profession setzt ja zugleich Erwartungen
an professionelles Handeln aus sich heraus. Dieser unbestreitbare Zusammenhang von Profession mit Professionalität gehört indes zu den Struk-
turmerkmalen des Pfarrberufs in der Gegenwart.

Die Einordnung des Pfarrberufs als »normaler« Beruf innerhalb der Gesamtgesell-
schaft kann auch als Antwort auf die zuweilen irritierende Position des späten Manfred
Josuttis verstanden werden, der den Pfarrberuf explizit außerhalb eines gesellschaftlichen Gesamtzusammenhangs angesiedelt hat. Manfred Josuttis hatte seine ursprüngliche Position (»Der Pfarrer ist anders«, Josuttis 1982) in späteren Jahren modifiziert
und das Bild des Pfarrers als »Führer in heilige Zonen« und priesterlich-mystagogischen
Mittler entworfen (Josuttis 1996). Dieses Pfarrerbild gab seinerseits der wachsenden
Sehnsucht auch von Pfarrer:innen Ausdruck, inmitten einer entkirchlichten Gesellschaft dem als fraglich empfundenen Pfarrberuf einen singulären – wenn auch exoti-
schen – Ort zuzuweisen. Gleichzeitig stieß dies nicht nur bei Pfarrer:innen auf Irritation
und Widerspruch. Der bleibende Ertrag dieses Entwurfs besteht darin, religiöse Praxis
und Spiritualität in den Mittelpunkt des Interesses gerückt zu haben. Dieser Aspekt ist
lange vernachlässigt worden und hat erst in den vergangenen Jahren einen Boom erlebt.
Eine Schülerin von Manfred Josuttis, Corinna Dahlgrün, hat eine wissenschaftliche und
zugleich für die Praxis anregende Darstellung zu Methoden, Formen und Traditionen
christlicher Spiritualität vorgelegt (Dahlgrün 2018).

Im Zugang von Isolde Karle ist ein strukturkonservativer Zug nicht zu
übersehen: Die »Kernrolle« von Pfarrer:innen bleibt laut Karle der parochiale Dienst (Karle 2011, 233). Einzelkämpfer:innen und Generalist:in-
nen sind in Karles Sicht gegenüber dem Teampfarramt besser in der Lage,
ein vertrauensvolles Verhältnis zu Menschen »face to face« aufzubauen.
Die traditionelle Rolle von Pfarrer:innen bleibt in diesem Ansatz durchaus stabil. Aufbrüche in Richtung einer interprofessionellen Teamarbeit
in der Kirche werden nicht favorisiert. Pfarrer:innen werden weiterhin
als »Schlüsselfiguren« (Karle 2011, 53) im Funktionssystem der Kirche
beschrieben.

Der Pfarrberuf als kulturhermeneutische Aufgabe der Lebenssinndeutung:
Bereits im 19. Jahrhundert hatte die aufkommende Praktische Theologie
den Pfarrberuf als eine Profession begriffen, die im Kontext der sich bil-
denden modernen bürgerlichen Kultur verankert ist: Pfarrer befördern

als »Kulturträger« die moralische Bildung in der Gesellschaft und tragen zu »ethisch-religiöse[r] Gewißheit« bei (Schian 1914, zit. n. Gräb 2000, 321). Wilhelm Gräb hat in dieser Linie die Aufgabe von Pfarrer:innen unter gegenwärtigen gesellschaftlichen Voraussetzungen als religionshermeneutische Aufgabe beschrieben. Entscheidend ist dabei der Blick von Pfarrer:innen über eine binnenkirchliche Sicht hinaus. Gräb (2000, 318) regt dazu an, die gelebte christliche Religion in anderen Formen als den unmittelbar kirchlichen wahrzunehmen. Dafür benötigen Pfarrer:innen in besonderem Maß kulturhermeneutische Kompetenz. Zentrale Aufgabe von Pfarrer:innen ist es, Phänomene religiöser Sinnsuche in Gesellschaft und Kultur (Film, Theater, bildende Künste usw.), aber auch in der Alltagskommunikation zu entdecken und im pastoralen Handeln konsequent aufzugreifen. Gräb geht grundlegend davon aus, dass sich gelebte Religion in der postmodernen Gesellschaft in Gestalt der Lebenssinnfrage artikuliert. Entsprechend sind Kirche und Gemeinde für Kirchenmitglieder immer dann besonders bedeutsam, »wenn sie an die in der Lebens- und Alltagswelt aufkommenden und dort von den Individuen auch selbsttätig artikulierten Lebenssinnfragen anschließen« (Gräb 2016, 375). Damit dies gelingt, ist eine Theologie nötig, die diese Lebenssinnfragen im Blick behält; es braucht vor allem aber auch die professionell im Kirchendienst Tätigen, die dafür sensibilisiert sind und über entsprechende »religiöse Deutungs- und Kommunikationskompetenz« verfügen (Gräb 2016, 377). Hier sind insbesondere die Pfarrer:innen als Kulturhermeneut:innen gefragt.

Pfarrer:in sein »auf der Schwelle«: Pfarrer:innen schätzen ihren Beruf auch in Abhängigkeit dazu ein, wie dieser Beruf von außen wahrgenommen wird. Häufig ist Pfarrer:innen selbst gar nicht bewusst, inwiefern und in welchem Maß das berufliche Handeln ihres Berufsstandes gesellschaftliche Wertschätzung hervorruft. Umgekehrt nehmen Menschen außerhalb der Kirche Dienste von Pfarrer:innen oft gar nicht als Leistungen der Kirche wahr. Verlässliche Schnittmengen zwischen dem, wie Pfarrer:innen sich selbst wahrnehmen und Zuschreibungen von außen sind nicht leicht zu identifizieren. Was funktional der Kern des Pfarrberufs ist – seine Religiosität – ist in der Wahrnehmung von außen und gelegentlich wohl auch in der Betrachtung der eigenen Berufsperformanz allenfalls lose mit der Person des Pfarrers:der Pfarrerin gekoppelt. Religiöses wird auch unabhängig von Pfarrpersonen entdeckt. Mit Pfarrpersonen wird nicht selten Treue zu einer als veraltet angesehenen, wertgebundenen

Wilhelm
Gräb

Sinndeutung

Außenblick

Institution verbunden. Mit der Wahrnehmung des Pfarrberufs ist auch die Frage aufgeworfen, welchen Ort Transzendenz in der Welt einnimmt und inwieweit er gerade mit der Person und Haltung der Pfarrer:innen verbunden ist. Die Selbst- und Fremdwahrnehmung des Pfarrberufs schließt somit Missverständnisse ein, setzt aber auch Klärungsprozesse zwischen Innen und Außen in Gang. Aktuelle pastoraltheologische Ansätze, die dies ernst nehmen, entwerfen konsequenterweise ein Bild des Pfarrberufs, den man als öffentliches Amt kaum mehr öffentlich wahrnehmen kann: Pfarrer:innen agieren auf der Schwelle, sie assistieren Menschen in religiösen Angelegenheiten, sie managen die Hinterbühne (dazu im Folgenden noch ausführlich).

Transzendenz und pastorales Selbstverständnis

»Ich habe schnell gemerkt, dass für mich Gemeindeglieder nicht nur die sind, die auch Gemeindeglieder sind. Und bei den sinkenden Zahlen unserer Gemeinden finde ich es reichlich nachvollziehbar, eben die in den Blick zu nehmen, die nicht dazugehören«,

fasst ein Pfarrer aus Halle/Saale seine ersten Eindrücke im Gemeindepfarramt zusammen (Golz, in: Herzig u. a. 2021, 20). Er plant deshalb, kirchliche Trauungen für Konfessionslose anzubieten (Golz, in: Herzig u. a. 2021, 21). Die Grenzen zwischen Binnenorientierung der Kirche und dem Alltag der Menschen, zwischen »Innen und Außen« sind längst fluide geworden. Religion und Kirchenzugehörigkeit sind grundsätzlich zur Option geworden. Das Teilnahmeverhalten hat sich grundlegend verändert. Die Institution Kirche mit ihrer festen Mitgliederlogik verliert an Plausibilität. Dieser Umstand ist längst zur Herausforderung für die Gestaltung des Pfarrberufs im jeweiligen Sozialraum und Handlungsfeld geworden. Pfarrer:innen agieren derzeit zunehmend in einem Feld ungeklärter Zugehörigkeiten. Das kann auch rechtliche Konflikte schaffen. Gleichzeitig ist angesichts der rasant gestiegenen Konfessionslosigkeit, ja angesichts einer als postkonfessionell zu bezeichnenden Gesellschaft die Notwendigkeit, den Horizont kirchlicher Praxis über die bisherige Mitgliedschaftslogik hinaus zu überschreiten, mehrfach beschrieben (EKD 2020b) und in der pastoralen Wirklichkeit längst eingeholt. Aus unserer Sicht ist es notwendig, Szenarien gestufter Mitgliedschaft zu entwickeln, die die theologischen, rechtlichen und ökonomischen Implikationen berücksichtigen. Das wird die Kirche als Organisation fundamental verändern. Pfarrer:innen würde dies erheblich unterstützen, ihren Berufsalltag zeitgemäß zu bewältigen und zu gestalten.

Szenarien gestufter Mitgliedschaft

Ulrike
Wagner-Rau

auf der
Schwelle

zwischen
»Innen« und
»Außen«

Offenheit für
Fremde und
Fremdes

Orientierung

Fokussierung

Ulrike Wagner-Rau hat die Phänomene der Transformation von Kirche in ihrem pastoraltheologischen Entwurf konsequent im Blick auf das Verständnis und die Gestaltung des Pfarrberufs durchdacht. Der Titel ihrer Pastoraltheologie bringt die Situation des Pfarrberufs auf den Punkt: »Auf der Schwelle. Der Pfarrberuf im Prozess kirchlichen Wandels« (Wagner-Rau 2009). Das Bild der Schwelle nimmt die komplexe Situation des Pfarrberufs auf. Dieser ist in mehrfacher Hinsicht von »Schwellen« geprägt: Der Pfarrberuf auf der Schwelle ist ein kommunikativer Beruf. Pfarrer:innen müssen in ihrem Berufsalltag sensibel sein für ganz unterschiedliche Kommunikationssituationen. Die Unterscheidung zwischen binnenkirchlichen Dialogen und Dialogen mit Außenstehenden ist dabei nicht mehr eindeutig möglich: Innen ist Außen und Außen ist Innen. Es bedarf der Aufmerksamkeit für genau diese Grenz- und Schwellensituation. »Offenheit für Fremde und Fremdes« ist unabdingbar. »Auf der Schwelle« führen Pfarrer:innen den Austausch zwischen Innen und Außen mit Menschen, die nicht dazugehören und nicht selten anderen gesellschaftlichen Milieus als den in der Kirche vorherrschenden angehören. Die pastorale Kommunikation auf der Schwelle zielt dabei nicht primär auf eine Steigerung der Mitgliederzahlen ab. Ihr geht es in erster Linie um Austausch und Dialog. Das gilt umso mehr, als Pfarrer:innen häufig Menschen begegnen, die sich in biografischen Schwellensituationen befinden oder auf der Grenze zwischen Stabilität und Belastung Hilfe suchen.

Pfarrer:innen agieren auch in ihrer eigenen kirchlichen Praxis auf Schwellen. Sie gestalten die Transformation der »Kirche auf der Schwelle« von der Institution zur Organisation, von der parochialen kirchlichen Struktur hin zu Netzwerken mit. Ihnen kommt die Aufgabe zu, in dieser Situation der Verunsicherung Orientierung zu geben und die Situation des Übergangs zu strukturieren. Pfarrer:innen tun dies in einer Situation, in der ihr eigener Beruf in die Krise geraten ist und sich selbst neu strukturieren muss: Die traditionelle Amtstheologie greift nicht mehr; Aspekte von »Authentizität« und »Singularität« bestimmen interne und externe Erwartungen an den Beruf. Die Ausdifferenzierung der pastoralen Aufgaben als Antwort auf gesellschaftliche Prozesse der Ausdifferenzierung hat zu einer Diffusion der Aufgaben im Pfarrberuf geführt. Demgegenüber gilt es, eine erneute Konzentration und Fokussierung auf die wesentliche Aufgabe zu schaffen. Kommunikation und Begleitung auf der Schwelle in beide Richtungen: von innen nach außen und von außen nach innen, wobei eben diese Grenzen fluide geworden sind. Der Pfarrberuf auf der Schwelle bringt eine hohe Anforderung an die personale und kommunikative Kompetenz von Pfarrer:innen mit sich. Wer auf der Schwelle agiert, muss selbst schwellenerfahren und -sensibel sein. Es gilt, die Spannungen auf der Schwelle zwischen Tradition und Gegenwart, zwischen eigener Person und Gemeinschaft, zwischen Status quo und Vision der Zukunft wahrzunehmen und darüber den Dialog mit anderen »auf der Schwelle« zu suchen.

Der Pfarrberuf als theologischer Beruf: Der Pfarrberuf als Profession lebt von seiner Referenzwissenschaft, der Theologie. Sie steht für die existenzielle Thematik, die der Pfarrberuf repräsentiert. Pfarrer:innen sind zwar nicht nur Theolog:innen (so wie Ärzt:innen nicht nur Mediziner:innen sind). Aber ohne akademisch theologische Bildung wären sie nicht professionell. Theologische Bildung ist das Spezifikum des Pfarrberufs (Grethlein 2009). Diese Aussage ist nicht so selbstverständlich, wie es scheint. Zwar ist seit der Reformation das Universitätsstudium herausragendes Merkmal des Pfarrberufs und bildet bis heute die unangefochtene Grundlage des Berufs. Aber eine nicht geringe Zahl von Vikar:innen und Pfarrer:innen blickt mit ambivalenten Gefühlen auf das Theologiestudium zurück und ist froh, diesen Teil der Pfarrbildung hinter sich gelassen zu haben. Die Distanz zur eigenen – immerhin zeitaufwändig erworbenen – akademischen Bildung ist nicht allein mit ambivalenten Erfahrungen im Ersten oder Zweiten Theologischen Examen zu begründen. In dieser Distanznahme gegenüber dem eigenen Studienfach drückt sich eine Skepsis im Blick auf die grundsätzliche Praxistauglichkeit des Theologiestudiums aus.

Auch Vertreter:innen der Theologischen Fakultäten formulieren die drängende Frage, was das Theologiestudium für den Pfarrberuf leistet und in Zukunft wird leisten müssen, und suchen den Diskurs mit Vertreter:innen von Kirche und Pfarrbildung (Schröder 2020). Zu den Rahmenbedingungen des Studiums gehört es seit der Bologna-Reform eben auch, auf eine Beruflichkeit hin zu qualifizieren. Das heißt: Braucht eine zukunftsfähige theologische Bildung »das Einbeziehen einer Pfarrberufsperspektive in den entsprechenden Studiengang von Anfang an? […] oder soll theologische Bildung ausgehen von der Identifikation und Reflexion gegenwärtiger Herausforderungen christlicher Lebensdeutung und -führung, also […] problemorientiert, interdisziplinär, ökumenisch […] angelegt werden?« Muss theologische Ausbildung »nicht entschlossen dazu befähigen, Theologie gerade auch in nicht-kirchlichen Beschäftigungen, etwa der Welt digitaler Medien, in medizin-, rechts- und wirtschaftsethischen Debatten der Öffentlich-

Marginalien:

Christian Grethlein

theologischer Beruf

Praxistauglichkeit des Studiums?

keit […] zur Geltung zu bringen?« Und braucht es im Studium nicht auch »Impulse, die auch die Spiritualität der Person, ihr Selbstverständnis und ihre Gaben bewusst ›bildend‹ einbeziehen?« (Schröder 2020, 21 f.).

Als Grundlage des Pfarrberufs stellt die theologische Bildung keine bloße Zugangsvoraussetzung dar, die mit dem Examen abgegolten wäre, auch keine spezielle Option für Pfarrer:innen mit besonderem theologischen Faible. »Theologisch« – dieses Adjektiv zielt auf die Kernkompetenz von Pfarrer:innen und auf die Kernaufgabe pfarramtlicher Praxis. Letztere

komplexe Vermittlungs-aufgabe

besteht in einer komplexen Vermittlungsaufgabe: In reformatorischer Perspektive haben Pfarrer:innen die Aufgabe, »den Bezug des christlichen Lebens zur biblischen Tradition zu bewahren und zu aktualisieren« (Grethlein 2009, 11). Dabei geht es um eine komplexe Integrationsleistung im Verhältnis von gegenwärtiger Wirklichkeit und biblischen Grund-impulsen; sie schließt auch die Pfarrperson selbst, ihre Einsichten, Er-fahrungen und ihren Glauben ein. Albrecht Grözinger hat dies bereits

Amt der Erinnerung

1998 zugespitzt und das Pfarramt als »Amt der Erinnerung« entfaltet:

> »Die Menschen der Postmoderne suchen im Pfarrer, in der Pfarrerin nicht den großen Kommunikator, sondern den Interpreten, die Inter-pretin biblisch-christlicher Tradition in jeweils bestimmten lebens-geschichtlichen Kontexten« (Grözinger 1998, 139).

Konkret wird diese Aufgabe in Gottesdiensten und Kasualien, in der Konfirmand:innen- und Bildungsarbeit, in Gesprächen und öffentlichen Auftritten von Pfarrer:innen. Pfarrer:innen geben Impulse zur Deutung der jeweils individuellen, gesellschaftlichen und kirchlichen Situation im Licht des Glaubens, und zwar unter Rückgriff auf biblische, historische, dogmatische, ethische und praktisch-theologische Einsichten (Hermelink 2014, 15 f.). Es geht nicht darum, theologisches Spezialwissen linear zu vermitteln, sondern theologische Einsichten gegenwartshermeneutisch, situationsorientiert und persönlich reflektiert einzubringen.

Der Systematische Theologe Günter Thomas hat in seinem 2020 mitten in der Coronakrise publizierten und 2021 in zweiter Auflage er-

Welt-abenteuer

schienenen Band »Im Weltabenteuer Gottes leben. Impulse zur Ver-antwortung der Kirche« davor gewarnt, die »mächtigen Praktiken und Kräfte der mythischen Religion in der Gegenwart« zu übersehen (Tho-mas 2021, 33). Die Theologie stehe in der Gefahr, nicht zu sehen, was Menschen in einer Mediengesellschaft bewege.

»Auf einem Markt begrenzter Aufmerksamkeit und Zeit ersetzt Verdrängung Zensur. Was nicht kommuniziert wird, ist nicht mehr real. Säkularisierung ist auch der Problemtitel für die Niederlage der Kirchen im Kampf der Erzählungen« (Thomas 2021, 37).

Pfarrer:innen kommt auf dem umkämpften Markt der Erzählungen die entscheidende Aufgabe zu, die Geschichte Gottes überhaupt erst zu Gehör zu bringen, dann aber auch »angemessen spannend und detailreich« zu erzählen. »Pfarrer haben ein Auge darauf, dass die Geschichte auserzählt wird, von Anfang bis Ende und nicht einfach in der Trivialisierung von Emojis: Gott lächelt.« (Thomas 2021, 309). Bewegt und gefesselt vom Christusereignis inszenieren Pfarrer:innen »Sonntag für Sonntag einen Erzählraum, eine Gegenwelt« und stellen darin eine Art »Navigationshelfer« dar zwischen den wirkmächtigen religionskritischen Stimmen und der Hoffnung, dass sich die Geschichte Gottes als wahr erweise: »Mit vergleichsweise schwacher Stimme erzählen sie gegen die mächtigen Erzählmaschinen der Gegenwart an« (Thomas 2021, 312). So leiten sie die Kirche.

Inszenierung eines Erzählraums

Navigationshelfer

»Theologisch« – dieses Adjektiv zielt nicht nur auf die angemessene Erzählung und »Vermittlung« der biblischen Tradition als zentrale pastorale Aufgabe, sondern auch auf kritische Reflexion gegenwärtiger kirchlicher Praxis. Kontinuierlich müssen Pfarrer:innen »Prioritäten- und Posterioritäten-Setzungen« (Grethlein 2009, 134) in Diskurse einbringen und selbst vornehmen. Unerlässlich ist hierfür die kritische Reflexion der Praxis von der Theorie her sowie der Theorie von der Praxis her (Meyer-Blanck 2013, 298; 2021, 311–317). Es geht in diesem Prozess darum, Kriterien für die eigene Berufspraxis zu entwickeln. Theologische Kompetenz schließt deshalb auch konzeptionelle Kompetenz ein. Christian Albrecht hat von der »gebildeten Souveränität« von Pfarrer:innen gesprochen (Albrecht 2017). Sie ist Schlüssel und Werkzeug, theologisch verantwortete Entscheidungen in Spannungsfeldern treffen zu können, in denen Pfarrer:innen agieren: Diese Spannungsfelder entwickeln sich jeweils zwischen der Erwartung von Authentizität und den »Üblichkeiten« vor Ort, zwischen individuellen Bedürfnissen und dem Interesse der Allgemeinheit und nicht zuletzt zwischen Tradition und Gegenwart. Diese Spannungsfelder können in ganz praktischen Entscheidungssituationen identifiziert werden, zum Beispiel in der Entscheidung über die Nutzung kirchlicher Gebäude oder der Diskussion um kirchliche Präsenz in den Sozialen Medien oder digitale Abendmahlsfeiern u. a. m.

Kriterien für die Berufspraxis

gebildete Souveränität

Unverzichtbar ist die theologische Bildung der Pfarrer:innen im Blick auf die wachsende Bedeutung von Ehrenamtlichen, die nicht nur eine gute Ausbildung, sondern auch theologisch fundierte Begleitung ihrer Arbeit erwarten. Aus all diesen Gründen kommen Pfarrer:innen ohne theologische Kompetenz und entsprechende theologische Fortbildung im Berufsleben nicht aus.

2.4 Profilierung des Pfarrberufs im Blick auf die Person

In der Ausübung des Pfarrberufs geht es nicht um die Pfarrperson, es geht aber ganz und gar nicht ohne sie. »Sonst machte das Amt den Pfarrer, heute macht der Pfarrer das Amt. Man verlangt eine Persönlichkeit« (Schian 1920, 14; vgl. Hermelink 2016, 101). Dieser viel zitierte Satz rückt die Person des Pfarrers:der Pfarrerin in den Blick und profiliert den Pfarrberuf von dort aus. Die Hochschätzung der Person im Pfarrberuf ist nicht losgelöst von gesellschaftlichen Individualisierungs- und Singularisierungsprozessen (Reckwitz 2017). In einem speziellen berufstheoretischen Sinn ist sie aber auch Kennzeichen des Pfarrberufs als Profession. Die Vertrauenswürdigkeit des Berufs hängt am Vertrauen zur Person des Pfarrers:der Pfarrerin. Professionen zeichnen sich dadurch aus, dass ihre Amtsinhaber:innen in je unterschiedlichen beruflichen Anforderungssituationen ihre Persönlichkeitsmuster und ihre Fachkompetenzen ausbalancieren und so einen je individuellen »Berufshabitus« immer wieder aufs Neue ausloten (Dressler u. a. 2017, 191).

Pfarrer:in sein zwischen Gestaltungsmöglichkeit und Gestaltungszwang: Nicht nur für angehende Pfarrer:innen ist die Möglichkeit attraktiv, den Pfarrberuf individuell und in großer Freiheit, den Gaben und Schwerpunkten der eigenen Person entsprechend zu gestalten. Zugleich markiert die individuelle Ausgestaltung des Berufs auch einen Anspruch. Die Beschäftigung mit den eigenen Stärken und Schwächen, mit der je persönlichen Art des Auftretens und der eigenen Stimme, und nicht zuletzt den eigenen biografischen Prägungen spielen eine wesentliche Rolle in der Herausbildung einer pastoralen Identität. Angehende Pfarrer:innen erwarten eine professionelle Ausbildung im Blick auf die persönliche Performanz beruflicher Vollzüge. Der eigene Stil und die eigene Sprache, ja die eigene Person werden selbst zum Medium der Botschaft oder zumindest kirchlicher Anliegen. »Die Aufmerksamkeit für die habituellen

Marginalien:
Hochschätzung der Person

Individualität

Person und Performanz

Eigenheiten der Pfarrpersonen« prägen dementsprechend weite Teile der Pfarrbildung in Aus-, Fort- und Weiterbildung (Wagner-Rau 2020, 119). Während Pfarrer:innen in der Außenperspektive in ihrer Person und ihrer Lebensführung als »Gesicht der Kirche« wahrgenommen werden, positionieren sie sich selbst durchaus institutionenkritisch (Hermelink 2014, 22). Diese kritische Distanz im Selbstbild korrespondiert mit der externen Erwartung an Pfarrer:innen, in ihrer Lebensführung ein Vorbild für die Gemeinde zu sein. Eine solche exemplarische, gelungene Lebensführung, die »Beruf, Familie und eigene Bedürfnisse integriert«, soll nämlich zugleich »durchaus individuell, ja sie soll authentisch sein – und eben damit die persönliche Relevanz des Glaubens markieren« (Hermelink 2014, 23).

»Authentisch zu sein« ist ein gesellschaftlich allgegenwärtiges Ideal. Auch religiöse Kommunikation wird nicht mehr durch Amtsautorität bestimmt (Nassehi 2008, 188–190). Pfarrer:innen werden danach beurteilt, ob sie »authentisch« im Sinne von »glaubwürdig« wirken. Diese an Pfarrpersonen festgemachte allgemeine Erwartung bedarf einer kritischen Überprüfung. »Authentizität« wird als »Anforderung gegenüber kirchlicher und schulischer Praxis gefordert. Doch einfach authentisch sein zu wollen ist schwierig« (Wiesinger 2019, 279). Im Sinn der Selbstverwirklichung ist sie eine Aufgabe, die nicht erfüllt werden kann. Genauso führt der Versuch, sich so zu zeigen, »wie man wirklich ist«, in ein christliches Paradox. Im Horizont theologischer Anthropologie liegt die Pointe nämlich darin, »nicht man selbst sein zu müssen, sondern sich durch Christus zu verstehen« (Wiesinger 2019, 125). Diese Einsicht kann Pfarrer:innen vom Zwang zu vermeintlicher Authentizität entlasten. Authentizität ist aber durchaus ein entscheidendes Phänomen im Kommunikationsprozess. Christoph Wiesinger hat in seiner phänomenologischen Studie gezeigt, dass Authentizität ein soziales Phänomen beschreibt, keine Eigenschaft einer Person, die erworben oder dargestellt werden könnte. »Jemand ist nicht authentisch, sondern wird als solcher wahrgenommen« (Wiesinger 2019, 279). Demnach ist sie keine objektive Größe, sondern ein Zuschreibungsphänomen. Sie ereignet sich kontingent in einem komplexen Prozess von Darstellung und Rezeption zwischen den Kommunikationspartner:innen.

Davon zu unterscheiden sind Fragen der Ästhetik. Sie sind lange unterschätzt worden, rücken aber zunehmend in den Fokus. Pfarrpersonen prägen die Wahrnehmung von Kirche eben auch durch ihren persönlichen Stil, nicht allein kognitiv durch ihre Worte. Was ziehe ich an? Und wie sehen eigentlich die Räume aus, in denen ich Menschen empfange?

Marginalien:

Authentizität

Christoph Wiesinger

Authentizität: ein soziales Phänomen

Ästhetik

Entspricht all dies meinem eigenen ästhetischen Empfinden? Und wie nehmen andere dies wahr? Für die Moderne hatte ja bereits Michel Foucault auf den notwendigen Umstand einer »ästhetischen Existenz« hingewiesen. Für manche liegt der Impuls nah, die Relevanz dessen, wofür Pfarrer:innen in ihrer Person stehen, mit traditionellen Amtssymbolen, z. B. dem Kollarkragen, für Außenstehende sichtbar aufzurufen. Andere lehnen diese am Amtsstatus orientierte Praxis als Zeichen eines »Reklerikalismus« ab (Bednarek-Gilland/Eberlein 2017, 234). Auf Youtube präsentieren sich junge Pastor:innen mit Kollarkragen, bewusst kombiniert mit Basecap, Sweatshirt und Jeans. Persönlicher Stil und berufliche Rolle sollen sichtbar aufeinandertreffen. Ästhetik und Wahrnehmung von Kirche reichen aber über Kleider- oder Einrichtungsfragen hinaus. Sie beziehen sich auf unterschiedliche Settings, zum Beispiel auch auf die Inszenierung von Gottesdiensten, und bilden insgesamt einen Baustein religiöser Identität und Kommunikation. Immer sind es aber konkrete Personen, die mit ihrem persönlichen ästhetischen Empfinden Entscheidungen zur Gestaltung bewusst oder unbewusst treffen und dadurch Resonanzen bei anderen hervorrufen.

Pfarrer:in sein angesichts der kirchlichen Relevanzkrise: Pfarrer:innen werden in verschiedenen beruflichen Zusammenhängen nicht nur als individuelle Person, sondern noch mehr als Vertreter:in der Kirche wahrgenommen. Zugleich werden sie höchstpersönlich mit Anfragen an die Kirche und deren Relevanzverlust als Institution konfrontiert. Vielen Pfarrer:innen gelingt es vor Ort nachhaltig, durch ihr persönliches einladendes Auftreten und ihre überzeugende Kommunikation des Evangeliums in verschiedensten Zusammenhängen ihres beruflichen Tuns dem Eindruck des Bedeutungsverlustes von christlichem Glauben und Kirche entgegenzuwirken. Gleichwohl können Pfarrer:innen den Bedeutungsverlust von Kirche nicht in eigener Person wettmachen. Als Kehrseite der Hochschätzung der Person und der individuellen Gestaltungsfreiheit lauert die Gefahr der Überforderung. Judith Winkelmann (2019, 17) stellt daher in ihrer Studie zum Umgang mit Belastungssituationen im Pfarrberuf die gängige Rede von Pfarrer:innen als solitären Schlüsselfiguren infrage: Pfarrer:innen können die Last der Relevanzfrage von Kirche in der postmodernen Gesellschaft nicht allein und in eigener Person schultern.

Pfarrer:in sein zwischen Alleinsein und kollegialem Austausch: Bereits Vikar:innen machen die Erfahrung von Einsamkeit und Alleinsein in der beruflichen Situation vor Ort in der Gemeinde und thematisieren dies als Problem. Die Professionalisierung bringt eine berufliche Distanznahme von all denen mit sich, inmitten derer der:die Pfarrer:in klassischerweise lebt. Teamorientierung und Kollegialität spielen für die nachwachsende Generation von Pfarrer:innen eine große Rolle. Ricarda Schnelle (2019) hat dieses Phänomen empirisch untersucht und pastoraltheologisch ausgewertet. In ihrem Beitrag hinterfragt sie das dominierende Paradigma der:des Einzelnen. Zum Pfarrberuf gehöre wesentlich eine »kollektive Dimension«, so lautet ihre These. Ihr Interesse gilt den unterschiedlichen Formen kollegialen Austauschs von Pastor:innen, insbesondere den informellen kollegialen Gruppen. In der Studie erhebt sie qualitativ empirisch, welche Rolle der kollegiale Austausch als »eigenständiger wertvoller Tätigkeitsbereich pastoralen Handelns« spielt (Schnelle 2019, 20): »Das (empfundene) Alleinsein in der individuellen Ausübung des Berufes wird durch das Fehlen von kollegialen Gesprächspartnern verstärkt« (Schnelle 2019, 225). Die Arbeit in der kollegialen Gruppe, sei es im Teampfarramt, auf Pfarrkonferenzen, in Kooperationsräumen oder in selbstbestimmt und informell zusammenkommenden kollegialen Gruppen ermöglicht dagegen Austausch und gegenseitige Stärkung. Insbesondere die sich informell und selbstbestimmt im geschützten Raum konstituierende kollegiale Gruppe erfüllt eine wichtige Funktion. Wesentlicher Bestandteil der kollegialen Treffen ist das gemeinsame Essen. Im Unterschied zur individuellen Berufspraxis, in der Pfarrer:innen mehr geben als nehmen, wird das gemeinsame Essen zum »Inbegriff des ›etwas für sich Nehmens‹ und ermöglicht in besonderer Weise den Austausch« (Schnelle 2019, 226). Die selbstbestimmte Arbeit in der kollegialen Gruppe übt demnach eine dreifache Funktion aus: Sie dient (1) der Vergewisserung und Stärkung der individuellen Pfarrperson, sichert (2) das professionelle Handeln der Berufsgruppe im Gegenüber zu anderen kirchlichen Berufen sowie der Kirchenleitung und wahrt (3) deren Autonomie (Schnelle 2019, 231). Ricarda Schnelle wirbt auf der Grundlage ihrer Forschungsergebnisse dafür, den Pfarrberuf von der »kollektiven Warte« der Berufsgruppe aus zu betrachten und diese Perspektive weiter zu nutzen: vom Studium über das Vikariat, die Ordination bis zum Teampfarramt oder eben kollegialen Gruppen (Schnelle 2019, 284).

Pfarrer:in sein zwischen Unvollkommenheit und Glaubwürdigkeit: Wie gehen Pfarrer:innen mit den eigenen Erfahrungen von Unvollkommenheit um, gerade in der Ausübung ihres Berufs? Michael Klessmann hat

Marginalien: Alleinsein · Ricarda Schnelle · kollegiale Gruppen · Michael Klessmann programmatisch auf Aspekte der »Unabgeschlossenheit, Diskontinuität, Bruchstückhaftigkeit und Ambivalenz« menschlichen Lebens als zentralen Themen pastoraler Identität hingewiesen und unter Rückgriff auf die biblische Tradition vor einem »stabilen und tendenziell statischen Identitätskonzept« gewarnt (Klessmann, 2001, 16 f.). Im Horizont gelingender Subjektivität ist die Anerkennung prinzipieller Bruchstückhaftigkeit menschlichen Lebens wesentlich. Bereits Henning Luther hatte das »Leben als Fragment« im Jahr 1991 theologisch ausgelotet (Luther 1991). Diese Gedanken erweisen sich in der gegenwärtigen Situation erneut als nachhaltig produktiv. Die biblische Tradition erzählt vom fragmentarischen, unter eschatologischem Vorbehalt stehenden Leben. Ambivalenzen als notwendiger Teil menschlichen Lebens gehören zu den biblisch-theologischen Grundeinsichten. Pfarrer:innen fällt es nicht selten schwer, diese Einsicht für ihre eigene Person und Berufsausübung zu beherzigen. Doch

> »Glaubwürdigkeit gibt es angesichts eines notwendigerweise fragmentarischen und bruchstückhaften Lebens nur in paradoxer Weise dergestalt, daß eben die eigene Begrenztheit und Brüchigkeit immer schon mitreflektiert wird« (Klessmann 2001, 22 f.).

realistisches Selbstbild

Ein realistisches Selbstbild im Pfarrberuf bedeutet, die Diskrepanz zwischen Anspruch und Wirklichkeit zu akzeptieren, auch den eigenen Glauben als Suchbewegung zu verstehen und dem überzogenen Optimierungsstreben in Kirche und Gesellschaft, aber auch im eigenen Selbstbild zu wehren (Klessmann 2001, 24; vgl. auch Röcke 2021). Dazu kommt die theologische Einsicht: Wer das Evangelium kommuniziert, kann zugleich mit seiner eigenen Person nicht vollständig für das einstehen, was er kommuniziert und was sich ohne jedes eigene Zutun ereignet, die frohe Botschaft (Wagner-Rau 2020, 116 f.).

Glaube als Suchbewegung

Judith Winkelmann hat diese Erkenntnis weitergeführt. Ausgehend von der Beobachtung zunehmender Verdichtung und Diffusität im Pfarrberuf widmet sie sich den Strategien zur Bewältigung beruflicher Belastungssituationen. Sie sieht aber zugleich gesellschaftliche und kirchliche Veränderungsprozesse am Werk, die sich nur durch strukturelle Maßnahmen und nicht allein »mit einem personalen Coping bewältigen lassen« (Winkelmann 2019, 17).

Pfarrer:in sein zwischen beruflicher und persönlicher Glaubenspraxis: Pfarrpersonen wünschen sich oft mehr Freiheit für die Gestaltung eines persönlichen geistlichen Lebens. Das hat die quantitativ-empirische Befragung von Pfarrer:innen in den Vorgängerkirchen der Nordkirche (Magaard/Nethöfel 2011) zutage gefördert. Dieser Wunsch spiegelt sich in den jüngsten Pfarrbildprozessen unterschiedlicher Landeskirchen wider. Pfarrer:innen der Evangelischen Kirche in Baden etwa sprechen von der »geistlichen Existenz« als »Juwel des Pfarrberufs«. Pfarrer:innen »erleben immer wieder, wie sie anderen Menschen Räume öffnen für Begegnung mit Gott und dem Heiligen – und wie sie selbst in diesen Räumen in der eigenen theologischen und geistlichen Existenz wachsen können.« (Weber/Bundschuh 2020, 547). Auch im Rahmen der bereits zitierten Studie von Judith Winkelmann zur Bewältigung beruflicher Belastungssituationen im Pfarramt schildern die befragten Pfarrer:innen höchst persönliche, auf ihre Person zugeschnittene Rituale jenseits ihrer beruflichen Praxis, in denen sie ihren Begrenzungen und ihrer Unzulänglichkeit Raum geben und neue Kraft gewinnen (Winkelmann 2019, 303–323, bes. 322). In der bewussten Gestaltung persönlicher Religiosität als Gegenpol zur beruflichen religiösen Praxis liegt eine große Ressource zur Bewältigung von beruflichen Belastungen. In eine ähnliche Richtung hatte bereits die Studie von Andreas von Heyl (2003) zum Zusammenhang von spiritueller Erneuerung und Schutz der Gesundheit von Pfarrpersonen gewiesen. Auf ihrer Grundlage hat etwa die Evangelisch-Lutherische Kirche in Bayern verpflichtende Kurse zum Thema »Spiritualität« für Theologiestudierende eingeführt.

Judith Winkelmann

persönliche Religiosität

Ressource

Hilfreich ist die prinzipielle Unterscheidung, die Ulrike Wagner-Rau zwischen beruflichem und persönlichem geistlichen Leben aufzeigt. Sie beobachtet im »geistlichen Moment des Pfarrberufs« nicht nur eine Ressource, sondern »zugleich und vielleicht sogar stärker ein Spannungsfeld, das eine Kraftquelle wie eine Belastung darstellt« (Wagner-Rau 2019, 27). »Bin ich fromm genug für den Pfarrberuf?«, fragen nicht nur Studierende und Vikar:innen. »Die Differenz zwischen beruflicher und persönlicher Frömmigkeit ist nicht überraschend und sie kann ebenso fruchtbar wie problematisch sein« (Wagner-Rau 2019, 31). Kontraproduktiv ist jede Ausübung von normativem Druck im Blick auf die spirituelle Praxis von Pfarrer:innen. Wenn es gelingt, den Konflikt, der sich aus der Differenz zwischen subjektiver Glaubenspraxis und beruflicher Inszenierung religiöser Praxis ergibt, bewusst wahrzunehmen und auszutragen, kann das darin liegende Spannungsfeld fruchtbar gemacht werden. »Produktive Unruhe« fördert die persönliche Auseinandersetzung mit religiöser Praxis im Pfarrberuf. Im kollegialen Gespräch können Zwiespältigkeiten

berufliche und persönliche Frömmigkeit

produktive Unruhe

reflektiert und Freiräume gegenüber dem Druck beruflicher Routine und Arbeitsverdichtung sichtbar werden (Wagner-Rau 2019, 32).

Im Blick auf diese Kernfrage des Pfarrberufs ist die Außenperspektive eines Philosophen anregend: Volker Gerhardt (2020, 545) misst der geistlichen Dimension des Pfarrberufs eine außerordentlich hohe Bedeutung für den Gesamtauftrag der kirchlichen Organisation zu. Entscheidend ist für ihn,

> »dass der Gebrauch der Begriffe *Geist* und *Geistlichkeit* keiner altertümelnden Attitude entspringt, sondern den Anforderungen einer *Gegenwart* entspricht, in der die Religion mit ihrer Botschaft wirksam werden muss, wenn sie Bedeutung für die Zeitgenossen haben will.«

Dabei braucht die Kirche, die für einen Glauben aus innerer Überzeugung steht und nach der Gegenwart und Wirksamkeit Gottes fragt, das »*Beispiel eines jeden Einzelnen,* der in ihr wirksam ist« (Gerhardt 2020, 545). Pfarrer:innen können dabei in besonderer Weise dafür einstehen, was es bedeutet, aus dem Geist und der Kraft des eigenen Glaubens tätig zu sein.

Das dreibändige Werk »Handbuch Evangelische Spiritualität« (hg. v. Peter Zimmerling, Bd. 1: Geschichte, 2014, Bd. 2: Theologie, 2018, Bd. 3: Praxis, 2020) nähert sich dem Thema aus einer hermeneutischen Perspektive. Eilert Herms (2018) fragt dort nach der »Spiritualität des ordinierten Amtes« als einer professionellen hermeneutischen Aufgabe. Herms knüpft an den Pfarrberuf als unverzichtbare Profession an. Deren Spiritualität stellt eine »individuelle, professions- und persönlichkeitsspezifische Zuspitzung christlicher Spiritualität« überhaupt dar (Herms 2018, 497). Sie bilde eine berufsspezifische Variation der Spiritualität, die jede Berufstätigkeit von Christ:innen innerlich motiviert. Das Spezifische der Spiritualität des ordinierten Amtes besteht in einer hermeneutischen Aufgabe, nämlich die gegenwärtige Kommunikation in der Kirche über Fragen der Gewissheit jeweils an ihrem Realitäts- und Situationsbezug sowie ihrer Konkretheit zu messen und stetig nach der Übereinstimmung christlicher Verkündigung und Mahlfeier mit ihrem jesuanischen Ursprung und der gemeinchristlichen Daseins- und Gütergewissheit zu fragen. Praktischen Ausdruck findet die Spiritualität des ordinierten Amtes im Gebet als Ausdruck christlicher Gewissheit.

2.5 Modellierung des Pfarrberufs im Blick auf die Kirche

Der Pfarrberuf als kirchlicher Beruf: Der Pfarrberuf bildet seit der Reformation ein wesentliches Erkennungsmerkmal evangelischer Kirche (Grethlein 2009, 71). Grundlegend ist die funktionale Bestimmung des »Predigtamtes«. Artikel V der Confessio Augustana weist ihm die Lehre des Evangeliums und die Darreichung der Sakramente zu. Nach Artikel XIV soll »niemand in den Kirchen öffentlich lehren oder predigen oder Sakrament reichen ohn ordentlichen Beruf *(nisi rite vocatus)«.* Vom Pfarrberuf ist die »Priesterwürde« zu unterscheiden, die jedem:jeder Christ:in aufgrund seiner:ihrer Taufe zukommt und im Konzept des »Priestertums aller Getauften« zum Strukturmerkmal evangelischer Kirche geworden ist.

funktional

Priestertum aller Getauften

Ein Spezifikum des Pfarrberufs liegt in der öffentlichen Dimension des pastoralen Handelns. Der Aspekt der Öffentlichkeit schließt leitendes Handeln, öffentliche Verantwortung und Repräsentanz der Kirche ein. Pfarrer:innen sind nicht die Kirche, aber es sind doch vor allem die Pfarrpersonen, die »sicherstellen, dass diese soziale Organisation sich in einem starken, theologisch zu verantwortenden Sinne als ›Kirche‹ verstehen kann«; zugespitzt formuliert: Die Aufgabe von Pfarrer:innen besteht wesentlich darin, »das Kirche-Sein der Kirche« sicherzustellen. Der Pfarrberuf erhält sein Profil demnach konsequent von seinem Bezug auf die Kirche in ihrer Gesamtheit. Dieser ekklesiologische Akzent ist weniger normativ zu verstehen. Er dient vielmehr dazu, die gegenwärtigen kulturellen Erwartungen an den Pfarrberuf theologisch zu deuten (Hermelink 2019, 63, 65). Dabei ist es erhellend, die gegenwärtigen Erwartungen an den Pfarrberuf mit den klassischen »Eigenschaften« von Kirche in Beziehung zu setzen. Pfarrer:innen stehen in dieser Perspektive aufgrund ihrer regelmäßigen Auslegung des biblischen Wortes in diversen beruflichen Kommunikationssituationen für die *Apostolizität* der Kirche. Faktisch sind es nämlich in erster Linie die Pfarrpersonen, von denen bei vielen Gelegenheiten und in verschiedenen Praxisfeldern »die Artikulation eines religiösen Wortes« erwartet wird. Geglaubtes soll auf der Höhe der Zeit laut werden und helfen, gegenwärtige Herausforderungen zu bewältigen. Pfarrer:innen stehen für die *Heiligkeit* der Kirche, insofern sie in verschiedenen Situationen und im Kontakt mit Menschen innerhalb und außerhalb der Kirche – etwa im Zusammenhang mit Kasualien – immer auch für die Dimension des Unverfügbaren und Transzendenten im eigenen Leben stehen und mit dem Wirken des

Öffentlichkeit

ekklesiologische Deutung des Pfarrberufs

Heiligen Geistes rechnen. Schließlich haben Pfarrer:innen hinsichtlich der faktischen Vielfalt der Kirche, die sich in den verschiedenen pastoralen Praxisfeldern spiegelt, einen genuinen Bezug zur *Katholizität* der Kirche. Von den Pfarrer:innen wird erwartet, dass sie an unterschiedlichen kirchlichen Orten das multiprofessionelle Handeln der Kirche gestalten. Als Teil ihres leitenden Auftrags kommt Pfarrer:innen in der Regel die Aufgabe zu, das Miteinander kirchlicher Berufe zu moderieren und damit Kirche in ihrer Vielgestaltigkeit der Gaben zur Geltung zu bringen (Hermelink 2019, 62–65).

Die öffentliche Dimension des Pfarrberufs zielt auf die Gewährleistung überindividueller, dauerhafter, regelmäßiger, verlässlicher und allen Menschen zugänglicher Verkündigung und Kommunikation des Evangeliums in verschiedenen Arbeitsbereichen von Pfarrer:innen. Öffentlichkeit umfasst dabei auch den Aspekt wissenschaftlich-theologischer Bildung als allgemein erwartbare Grundlage pastoralen Handelns. Dazu bedarf es geordneter institutioneller beruflicher Bezüge, etwa einer strukturierten »Pfarrbildung« (Aßmann/Ruck-Schröder 2021) in Aus-, Fort- und Weiterbildung und entsprechender beruflicher Profilbildung. Vor diesem theologischen und institutionellen Hintergrund »lässt sich die – trotz der Ablehnung der Priesterfunktion – starke Stellung der Pfarrerin in den evangelischen Kirchen erklären« (Grethlein 2009, 73). Pfarrer:innen stehen heute in der Regel in einem öffentlich-rechtlichen Dienstverhältnis zu ihrer jeweiligen (Landes-)Kirche. Sie sind zahlenmäßig die größte und teuerste Berufsgruppe innerhalb der Kirche. 2010 hat die Evangelische Kirche in Deutschland (EKD) ein einheitliches öffentlich-rechtliches Dienst- und Arbeitsrecht für Pfarrer:innen geschaffen.

Alternative Vorstellungen von Arbeit (nicht nur) in der jüngeren Generation der etwa nach 1995 Geborenen stellen das beamtenrechtliche Modell, das Pfarrer:innen über Jahrzehnte einen klar definierten Rahmen für ihre Tätigkeit gibt, auf den Prüfstand. Pfarrer:innen verhalten sich in einer Weise individuell, dass sich das Modell nicht mehr von selbst erschließt. Weniger das lebenslange, umfassendes Dienstverhältnis als eine professionelle und innovative, aber unter Umständen auch auf einige Jahre zeitlich begrenzte Arbeitsleistung sind im Blick. Dem entspräche das Angestelltenverhältnis eher. Auf der mittleren Ebene der Kirchenkreise schafft das allerdings Ungleichzeitigkeiten im Blick auf Arbeitszeitmodelle und wirft auch Fragen zum Berufsbild auf. Entstehen dadurch verschiedene Kategorien von Pfarrstelleninhaber:innen? Un-

Kommunikation des Evangeliums gewährleisten

beamtenrechtliches Modell

beschadet solcher Fragen stoßen Dienstanweisungen zunehmend auf Akzeptanz, weil vor allem ihre Entlastungsfunktion gesehen wird, weniger die damit einhergehende Einbuße an beruflicher Autonomie. Es zeichnet sich ab, dass sich Tendenzen des allgemeinen Berufsverhaltens – nicht mehr einen lebenslangen Beruf anzustreben, sondern je und je etwas relativ konkret Beschriebenes zu wählen – auch für diejenigen ergeben könnten, die einen religiösen Beruf anstreben. Inwiefern sich diese Tendenzen durchsetzen, lässt sich derzeit nicht absehen. Praktische Theolog:innen haben seit Längerem auf Ungleichzeitigkeiten hingewiesen, die in der Gemengelage von Institutionalität und Beruflichkeit entstehen (Grethlein 2016, 481–484). Auch im Kontext von neuen Modellen der Zusammenarbeit mit anderen kirchlichen Berufsgruppen ist zunehmend begründungspflichtig, weshalb beamtenrechtliche Privilegien exklusiv für den:die Pfarrer:in gelten. Offen ist aber auch, wie den derzeitigen besonderen Pflichten, an die Pfarrer:innen qua Beamtenrecht gebunden sind, in einer anderen beruflichen Modellierung des Pfarrdienstes nachgekommen werden kann oder ob sie sich zukünftig als obsolet erweisen (müssen).

Auswirkungen kirchenleitender Unzufriedenheit mit der Arbeit von Pfarrer:innen: Im bisherigen 21. Jahrhundert sind es die Auswirkungen des Impulspapiers »Kirche der Freiheit« der EKD von 2006, an denen sich heute noch Pfarrer:innen, aber auch berufstheoretische Fragen abarbeiten: Die Berufsausübung von Pfarrer:innen wurde programmatisch infrage gestellt und erstmals aus einer organisationstheoretisch-marktorientierten Perspektive gelesen.

Dies führte zu einer gezielten Beförderung des Leistungsdrucks unter Pfarrer:innen. Diese neoliberale Kontextualisierung der Debatte war ein hinreichend starker Impuls, die Pastoraltheologie erneut zu provozieren. Jan Hermelink hat nicht nur die Ausrichtung des Papiers an der Dienstleistungsqualität (statt am Inhalt) dessen, was Pfarrer:innen tun, sondern auch die Verlagerung der Probleme auf die Pfarrer:innenschaft kritisch in den Blick genommen: »Für die Probleme einer scheinbar leeren, und faktisch eben doch finanziell und organisatorisch bedrängten Kirche wird der Pfarrberuf nun seitens der Kirchenleitung ganz und gar haftbar gemacht« (Hermelink 2014, 116). Von den Pfarrer:innen wird die Verbesserung ihrer Amtshandlungskompetenzen erwartet. Andere pastorale Aufgabenfelder wie Bildung oder die theologische Vermittlungsaufgabe öffentlicher Rede erscheinen eher unwichtig.

Dienstanweisungen

Impulspapier »Kirche der Freiheit« 2006

Leistungsdruck

Problemverschiebung

»Bedenklich erscheint hier nicht nur, in welcher Massivität das pastorale Handeln für die kirchliche Organisationsentwicklung in Anspruch genommen, ja gleichsam domestiziert wird. Bedenklich erscheint auch, wie sehr auf diese Weise andere, ›klassische‹ pastorale Aufgaben in den Hintergrund rücken« (Hermelink 2014, 116 f.).

Professiona-
lisierung

Das Impulspapier »Kirche der Freiheit« (EKD 2006) hat auf verschiedenen Ebenen durchaus die Professionalisierung des Pfarrberufs befördert. In der Pfarrbildung etwa spielt Kompetenzbildung gerade im Blick auf Kasualien und öffentliches Auftreten eine entscheidende Rolle. Gleichzeitig werden offensive Qualitätsdebatten als belastend erlebt, ohne dass im Regelfall das Niveau gesamtgesellschaftlicher Inszenierungsgewohnheiten erreicht würde. Theologische Qualität wird demgegenüber im pastoralen Alltag wenig gewürdigt, weil sie keinen unmittelbar sichtbaren Beitrag zum »Funktionieren« der Organisation leistet.

Identifika-
tionsfiguren

Der Pfarrberuf – ein kirchlicher Schlüsselberuf? Die jüngste Untersuchung der EKD zur Kirchenmitgliedschaft (KMU V 2014) hat »eindrücklich die Relevanz von öffentlich präsenten Pfarrerinnen und Pfarrern in ihrer Rolle als Repräsentanten und Identifikationsfiguren der evangelischen Kirche« gezeigt (Bedford-Strohm/Jung 2015, 454). Der wissenschaftliche Beirat der Mitgliedschaftsuntersuchung bescheinigt Pfarrer:innen als »Schlüsselpersonen« eine »Schlüsselrolle«, und zwar in parochialen wie anderen beruflichen Kontexten (Bedford-Strohm/Jung 2015, 454). Die Zahl der persönlichen Kontakte mit Pfarrer:innen ist gegenüber der Vorgängerstudie deutlich gesunken. Trotzdem sind Pfarrer:innen für Kirchenmitglieder weiterhin häufig gerade bei Kasualien die einzige Kontakt-

Kontaktfigur

person zur Kirche.

Diese Funktion von Pfarrer:innen als zentrale Kontaktfiguren der Kirche bestätigt, wie prominent wichtig Pfarrer:innen nach wie vor sind. Gleichwohl sollte dieses Phänomen theologisch und kirchenpolitisch aber hellhörig machen. Zum einen bürdet es den Pfarrer:innen eine enorme Last der Repräsentanz von Kirche auf, die theologisch gar nicht dem evangelischen Grundsatz des Allgemeinen Priestertums entspricht. Zum anderen sieht die Realität im ländlichen Raum, insbesondere in weiten Teilen Ostdeutschlands, schon jetzt anders aus: Kirchengemeinden müssen längst ohne den vermeintlichen Schlüsselberuf auskommen.

Kerstin Menzel hat jüngst die Berufsrealität von Pfarrer:innen in ländlichen Räumen, vor allem in Ostdeutschland, untersucht. In qualitativ-empirischen Interviews mit Pfarrer:innen hat sie deren Berufspraxis und berufspraktische Haltungen erhoben und pastoraltheologisch ausgewertet. Ihre Arbeit macht deutlich, »dass der Blick auf die ostdeutsche Situation auch für westdeutsche Verhältnisse impulsgebend« ist und im Zug fließender Grenzen zwischen Stadt und Land auch für den städtischen Bereich relevant sein kann (Menzel 2019, 19). Sie hebt drei Dimensionen hervor: ostdeutsche Situation als impulsgebend

- Der ländliche Raum mit seinen strukturellen Schwierigkeiten hinsichtlich Mobilität, selektiver Abwanderung usw. bestimmt als Lebens- und Arbeitsort massiv auch die Berufspraxis von Pfarrer:innen.
- Der Pfarrberuf im ländlichen Raum ist geprägt von kleinen Zahlen: Kleine und kleinste Gemeinden leben in einer religiösen Minderheitensituation und müssen zudem infolge des Personalabbaus mit einer schrumpfenden Zahl an hauptamtlich Mitarbeitenden zurechtkommen.
- Gleichzeitig prägen weite Räume den Pfarrberuf auf dem Land: Dazu zählt vor allem die starke Ausdehnung der Verantwortungsbereiche der Hauptamtlichen sowie die Vergrößerung kirchlicher Strukturen. kleine Zahlen - weiter Raum

Als Fazit ergibt sich: Die generelle Veränderungsdynamik in ländlichen Räumen wird durch kirchliche Veränderungsprozesse verstärkt (Menzel 2019, 485). Pastoraltheologisch entscheidend sind in diesem Kontext drei Perspektiven: die Frage nach Gestaltungsspielräumen für pastorales Handeln, die Frage nach Anerkennung und Erfolg im Pfarrberuf unter den Bedingungen des ländlichen Raums sowie die Frage nach Möglichkeiten der Begrenzung im Pfarrberuf (Menzel 2019, 487).

Aus all dem resultiert nicht zuletzt die Notwendigkeit, ehrenamtlich Mitarbeitende mit größerer Verantwortung zu betrauen. Um der Pfarrer:innen selbst willen, aber auch im Sinn des Priestertums aller Getauften, eines Propriums evangelischer Kirche, widmen sich neuere pastoraltheologische Untersuchungen gezielt alternativen Formen kirchlicher Präsenz und professioneller Arbeitsaufteilung in ländlichen Räumen. Sie versuchen durch gezieltes Forschungsdesign in alternative Richtungen der Fixierung auf den Pfarrberuf entgegenzuwirken. Eine Studie aus dem Jahr 2016 nimmt zum Beispiel bewusst Prädikant:innen, Gemeindekurator:innen und weitere Engagierte, aber auch andere theologische Berufe wie Diakon:innen und Gemeindepädagog:innen in den Blick. Zugleich fragt sie nach der notwendigen Funktion von Pfarrer:innen im Zusammenspiel der Verantwortlichen vor Ort (Kirchenamt EKD 2016; Handke 2021, 30). Eine weitere alternative Formen kirchlicher Präsenz Defixierung hinsichtlich des Pfarrberufs

Ausweitung der Perspektive etwa auf völlig andere Berufsgruppen als die kirchlichen ist derzeit unserer Wahrnehmung nach noch wenig im Blick.

Berufszufriedenheit und berufliche Belastung im Pfarrberuf: Verschiedene Landeskirchen im Bereich der Evangelischen Kirche in Deutschland haben zwischen 2001 und 2016 mehrere quantitative und qualitative Befragungen von Pfarrer:innen durchgeführt, um deren Berufszufriedenheit zu erheben (Schendel 2017). Die Quintessenz, so lassen sich die Ergebnisse dieser langfristigen Befragungen zusammenfassen, liegt in der Gleichzeitigkeit von hoher Berufszufriedenheit und beruflicher Belastung (Schendel 2017, 61). Die Studien haben gezeigt – und das ist ein ermutigendes Ergebnis –, dass die Mehrzahl der Pfarrer:innen ihren Beruf gern ausübt und dabei auch gesund bleibt. Allerdings darf dies nicht darüber hinwegtäuschen, dass ca. 20 % der Pfarrer:innen in ihrer Leistungsfähigkeit eingeschränkt sind und unter stressbedingten Krankheiten leiden (Heyl 2003, 276 f.; Bauer u. a. 2009, 466).

Mit durchschnittlich 54,1 Wochenstunden entspricht die Arbeitszeit von Pfarrer:innen etwa der von Freiberufler:innen (Schendel 2017, 66 f.). Berufliche Stressfaktoren liegen indes weniger in der Quantität als vielmehr in der Diffusität sowie der Nichtplanbarkeit einer Vielzahl von Aufgaben. Die Entgrenzung der Arbeitszeit, aber auch »anstrengende Berufsbilder« (Gemeinde aufbauen, Vorbild sein, Auftrag erfüllen) und überfordernde Selbstansprüche spielen außerdem eine Rolle (Stephan Pohl-Patalong 2017, 102). Demgegenüber schätzen Pfarrer:innen den Bedeutungsverlust von Kirche sowie Veränderungsprozesse eher als sekundäre Stressfaktoren ein. Pfarrer:innen verstehen sich als Seelsorger:innen, Verkündiger:innen, Begleiter:innen von Lebenswegen; Leitungs- und Verwaltungsaufgaben sind ungeliebt, nehmen aber nach eigenen Angaben mit 40 % viel Arbeitszeit in Anspruch. Entlastungsmöglichkeiten sehen Pfarrer:innen in klaren Arbeitszeitregelungen, wie sie immer mehr Landeskirchen entwickeln; frühzeitig etwa schon in der Evangelisch-Lutherischen Kirche in Bayern im Jahr 2015.

Bewältigungsfaktoren beruflicher Belastung im Pfarrberuf: Judith Winkelmann hat in ihrer 2019 vorgelegten empirischen Studie gezeigt, dass die Bewältigung und »der Umgang mit Belastungen wesentlich von der subjektiven Einschätzung sowohl der Belastungsfaktoren selbst als auch der zur Verfügung stehenden Ressourcen abhängt« (Winkelmann 2019, 2). Diese Studie zeigt wirksam praktizierte »Copingstrategien« von Pfar-

---

Marginalien:

Befragungen von Pfarrer:innen

Gleichzeitigkeit hoher Zufriedenheit und hoher Belastung

berufliche Stressfaktoren

Diffusität

Arbeitszeitregelungen

Judith Winkelmann

Copingstrategien

rer:innen auf: Wesentlich sind demnach die Ausbildung einer »konzep-
tionell reflektierten Selbstbegrenzung«, die Ausbildung von »theologischer
Leitungskonzeption für das Pfarramt«, die bewusste Gestaltung der
»beruflichen Beziehungen zu den Ehrenamtlichen« sowie im kollegialen
Team, und – nicht zuletzt – die »Religiosität im Pfarrberuf« als »heilsame
Differenzerfahrung zur pastoralen Arbeit« (Winkelmann 2019, 325).

*Kirchentheoretische Klärungen im Blick auf das diffuse Berufsbild von
Pfarrer:innen:* Auf das Problem der Diffusität von Aufgaben im Pfarrberuf haben die empirischen Befragungen von Pfarrer:innen hingewiesen. Verschiedene pastoraltheologische Ansätze versuchen, dieser
Herausforderung zu begegnen. Dabei ist allerdings auch deutlich geworden, dass nicht selten im selben Atemzug, in dem die Überforderung
von Pfarrer:innen festgestellt wird, eine neue Herausforderung oder
Akzentsetzung formuliert wird: statt Alleskönner (seltener: Alleskönne-
rin) nun die sorgfältige Gestaltung von Kasualien, Medienpräsenz und
anderem, was dann neue Forderungen mit sich bringt: Jede Lösung erzeugt neue Herausforderungen. Jan Hermelink hat in verschiedenen
Beiträgen konsequent auf die Profilierung des Pfarrberufs, mithin auf
die Konzentration auf seine Kernaufgaben als kirchlichem Beruf hingewiesen. In seinem pastoraltheologischen Beitrag »Kirche leiten in
Person« (2014) beschreibt er den Pfarrberuf als leitenden Beruf. Diese
Beschreibung des Pfarrberufs gilt inzwischen als Konsens in der Pfarr-
bilddebatte. Er identifiziert drei Kernkompetenzen, die die pastoralen
Aufgaben strukturieren und die darauf abzielen, mit der auch im Pfarrberuf virulenten Anforderungspluralität konzeptionell und strukturiert
umzugehen: Diese Beschreibung denkt von der Kirchentheorie her, und
zwar vor dem Hintergrund der gegenwärtigen Rahmenbedingungen:
Pluralisierung von Gesellschaft, individuelle Lebensführung und kirchliche Organisation (Hermelink 2014, 31). Der Pfarrberuf hat sich in diesem Kontext in eine Vielfalt pastoraler Aufgabenfelder und Situationen
ausdifferenziert. Diese gilt es zu fokussieren. Hermelink identifiziert im
Blick auf die Herausforderung im Umgang mit Pluralität drei Kernkompetenzen des Pfarrberufs: Regiekompetenz, Deutekompetenz und
Personalkompetenz. Regiekompetenz benennt die gestaltende und leitende Aufgabe von Pfarrer:innen etwa im Bildungsbereich, im Gottesdienst oder im Zusammenwirken mit Ehrenamtlichen und anderen
kirchlichen Berufen. Deutekompetenz ist als hermeneutische Kompetenz im Blick auf das Individuum etwa bei Kasualien gefragt. Sie ist aber

Jan Herme-
link

Pfarrberuf:
leitender
Beruf

drei Kern-
kompetenzen

auch essenziell für kirchliche und gesellschaftlich geführte Diskurse. Personalkompetenz nimmt demgegenüber die Person des Pfarrers:der Pfarrerin als »Gesicht der Kirche« in den Blick. Gemeinsam mit der Personalkompetenz bilden Deute- und Regiekompetenz das Leitungs-handeln im Pfarramt ab. Leitung bedeutet in allen drei Kompetenz-bereichen Umgang mit Pluralität und in diesem Sinn »Diversity-Management«: Ziel ist es, die Vielfalt der Gaben von Ehrenamtlichen und Hauptamtlichen zum Tragen zu bringen.

Umgang mit Pluralität

Diesen Vorschlag einer Konzentration auf Kernkompetenzen hat Jan Hermelink in seinem Beitrag zum 2019 in Hofgeismar durchgeführten Symposion zum Profil und Zukunft des Pfarrberufes weitergeführt: »Was muss der Pfarrer? Was kann die Pfarrerin? Was sollen die Pfarrer*innen?« Die hier formulierte »reduktionistische Sicht auf den Pfarrberuf« lässt nunmehr nur noch wenige Kernaufgaben gelten (Hermelink 2019, 65): Die pastorale Aufgabe ist damit hinreichend beschrieben, »das Kirche-Sein der Kirche [...] sicherzustellen.« Zu den Kernaufgaben zählen neben der Leitung der Konfirmand:innenarbeit und der Leitung besonders öf-fentlicher Gottesdienste deshalb nur noch die Leitung der Sakramente Taufe und Abendmahl. In deren Vollzug werden Grund und Profil der Kirche zur Darstellung gebracht (Hermelink 2019, 65). Viele bislang selbstverständliche Aufgaben zählen demnach explizit nicht zu den Pflichtaufgaben: etwa überkommene Aufgaben im Gemeindehaus und Bauaufgaben, aber auch Seelsorge – ein Bereich, der von anderen dafür Ausgebildeten und Beauftragten ausgefüllt werden kann. Pfarrer:innen können solche Aufgaben übernehmen; sie sind aber »kein pfarramtliches Muss« (Hermelink 2019, 64). Die Konzentration auf das Wesentliche in der Ausübung des Pfarrberufs zielt nicht zuletzt darauf ab, dem All-gemeinen Priestertum der Getauften Raum zu geben. Pfarrer:innen agie-ren in diesem Horizont eher im Hintergrund als im Vordergrund, eher als Trainer:innen denn als Spieler:innen, eher als Manager:innen denn als Frontfrauen:Frontmänner (Hermelink 2019, 65).

Kirche-Sein der Kirche

auf der Hinterbühne

Hermelink erinnert daran, den Pfarrberuf insgesamt bei aller Be-mühung, seine Aufgaben zu profilieren, nicht in erster Linie von seinem Auftrag, sondern zuerst von seiner Verheißung her zu verstehen. Ent-scheidende Vergewisserung findet im kollegialen Gespräch und Zu-sammensein statt. Im theologischen und geselligen Austausch mit Kol-leg:innen wird der religiöse Grund pastoraler Praxis zugänglich. Dieser besteht zuerst im Zuspruch der Rechtfertigung, nicht im Anspruch oder Auftrag (Hermelink 2019, 60). Demnach bestünde der Nukleus des Pfarr-

Verheißung pastoraler Praxis

dienstes darin, dass Menschen mit (dem Handeln) der Pfarrperson des Grundes christlicher Verheißung ansichtig werden.

Zusammenarbeit mit anderen kirchlichen Berufen und Ehrenamtlichen: Multiprofessionelle Teams haben Konjunktur. Selbst in Landeskirchen, die kaum multi- oder interprofessionelle Teams in ihren ländlichen Gemeinden aufweisen, ist das Stichwort in aller Munde. Möglicherweise war und ist damit auch die Sehnsucht verbunden, kirchliche Arbeit vor Ort in bisherigen Strukturen noch stabilisieren zu können. Nur so ist die Konjunktur zu erklären, zumal der Erklärungsansatz unter Singularitätsbedingungen nur bedingt passend ist: In dieser Situation bringen Berufstätige ein derart individuelles Portfolio beruflicher Kompetenzen mit, dass nur begrenzt von linearen Beruflichkeiten gesprochen werden kann, zumal in einem offenen Feld wie der kirchlichen Beruflichkeit. Die jüngste Studie des Sozialwissenschaftlichen Instituts der EKD zu Multiprofessionalität wirbt für ein Umdenken im Bereich der Zusammenarbeit verschiedener Professionen in der Kirche (Schendel 2020b). Die Zusammenarbeit eines multiprofessionellen Teams besteht darin, dass

> »mehr als zwei Berufsgruppen mit hoher Spezialisierung unausweichlich aufeinandertreffen, dass detaillierte Abstimmungen konkreter fallbezogener Handlungen erfolgen und dass der Austausch kontinuierlich und zeitlich umfangreich ist« (Trautmann zit. n. Schendel 2020a, 5).

Es geht also nicht um kollegiale Arbeit im Pfarrteam, auch nicht um punktuelle Zusammenarbeit etwa mit dem örtlichen Sozialamt, sondern um eine kontinuierliche, berufsübergreifende, nicht zufällige, institutionalisierte und fallbezogene gemeinsame interdisziplinäre Arbeit. Die Bezeichnungen multi- oder interprofessionell sind oft synonym verwendet; zuweilen beschreibt multiprofessionelle Zusammenarbeit eher das Nebeneinander verschiedener Aufgaben und Berufe, während interprofessionelle Zusammenarbeit sich auf dieselbe Aufgabe bezieht und die verschiedenen beruflichen Kompetenzen sich überschneiden (Schendel 2020a, 6). Im kirchlichen Bereich haben multiprofessionelle Teams vor allem Pfarrer:innen und diakonisch-gemeindepädagogische Berufsprofile, aber auch Kirchenmusiker:innen und Verwaltungsmitarbeitende im Blick. Eine junge Diakonin äußerte sich auf einer digitalen Kirchenkreiskonferenz zu interprofessionellen Teams im Frühjahr 2021 so: »Pastor:innen sind für mich Kolleg:innen, die eben ein anderes Fach studiert haben

multiprofessionelle Teams

interprofessionelle Zusammenarbeit

und von daher entsprechend andere Aufgaben erfüllen.« Diese Sicht der funktionalen Zusammenarbeit, die in der Notfallmedizin und in der Geriatrischen Medizin bereits praktiziert wird, hält nach und nach Einzug in das Denken der Kirchen. Für den Pfarrberuf bedeutete dies, sich noch stärker als bisher funktional zu orientieren. Dazu dienten etwa eine Verständigung über die Ziele gemeinsamer Arbeit, eine auf verlässliche Arbeitsteilung angelegte Teamstruktur und -moderation sowie teambezogene Vereinbarungen, wie die gemeinsame Arbeit konkret gestaltet werden sollte. Die Studie des Sozialwissenschaftlichen Instituts zu »Multiprofessionalität und mehr« (Schendel 2020b) fasst verschiedene Modelle in den Landeskirchen zusammen. Die dokumentierten Modelle von fünf Landeskirchen weisen eine erhebliche Spannbreite auf.

Vielfalt der Modelle

Bereits 2005 hat die Evangelische Kirche im Rheinland das Modell des »Gemeinsamen pastoralen Amtes« bestehend aus ordinierten Pfarrer:innen, ordinierten gemeindepädagogisch Qualifizierten und weiteren Mitarbeitenden ohne Ordination propagiert. Sie bilden zusammen das Pfarramt als gemeinsam aufgetragenen Dienst nach Artikel 4 der Theologischen Erklärung von Barmen.

Die Evangelische Kirche von Westfalen hat 2016 ein Pilotprojekt für »Interprofessionelle Teams« aufgelegt: Im Fall von Vakanz oder der konzeptionellen Neuaufstellung eines Arbeitsbereiches können Kirchengemeinden kooperieren und Personalmittel »für andere Berufsgruppen« verwenden. Stand 2020 werden 14 solcher Teams im Pilotprojekt betreut.

Die Evangelische Kirche in Baden sieht gegenüber diesen freiwilligen Modellen obligatorisch für Kirchengemeinden das Modell der Dienstgruppen vor: Immer »dann, wenn mehrere Personen auf Pfarr- oder Gemeindediakonenstellen in der Gemeinde tätig sind« entsteht »automatisch eine sog. Dienstgruppe der Beteiligten« (Schendel 2020a, 12). Eine Erweiterung um Kirchenmusiker:innen, Seelsorger:innen oder Religionslehrer:innen ist möglich. Dadurch entsteht auch eine Verzahnung von parochialem und funktionalem Dienst.

In der Evangelisch-Lutherischen Kirche in Bayern und der Evangelischen Kirche Anhalts ist die Einführung multiprofessioneller Zusammenarbeit explizit Teil der Kirchenentwicklung. In Bayern werden im Rahmen des Reformprozesses »Profil und Konzentration« (PuK, siehe ELKB 2019) Handlungsräume gebildet; je nach deren Erfordernissen werden Teams mit entsprechenden Berufen im Sinn des Programms »Miteinander der Berufe« (MdB) zusammengestellt.

2018 hat die Evangelische Kirche von Anhalt einen umfassenden Transformationsprozess eingeleitet. Autonom bleibende Kirchengemeinden bilden sogenannte »gemeindliche Arbeitsgemeinschaften« und »Mitarbeiterverbünde«. Mitarbeiterverbünde bestehen aus Pfarrer:innen, Gemeindepädagog:innen, Kirchenmusiker:innen, Verwaltungsmitarbeitenden und Mitarbeitenden der Diakonie. Dieses Modell setzt den Prozess der Regionalisierung fort (Schendel 2020a, 16).

Zusammenarbeit mit Ehrenamtlichen: Das klassische Gegenüber von ordiniertem Amt und Priestertum aller Getauften gibt eine grundsätzliche Bestimmung an, ist aber organisational nicht hinreichend präzise, um das Verhältnis von freiwilligem Engagement von (oft) Hochverbundenen und Pfarrberuf zu beschreiben. Ehrenamtliche sind nicht länger einfach die Helfer:innen des Pfarrers:der Pfarrerin. Die jüngste empirische Studie zu ehrenamtlichen Lektor:innen und Prädikant:innen im Bereich der Landeskirche Hannovers durch das Sozialwissenschaftliche Institut der EKD hat das Bild eines:einer semiprofessionellen, hoch engagierten und gut ausgebildeten Ehrenamtlichen sichtbar gemacht. Die Onlinebefragung förderte ein großes Interesse dieser Ehrenamtlichen an fundierter Aus- und Fortbildung zutage. Diese sorgfältig ausgebildeten Ehrenamtlichen erwarten die Anerkennung ihrer ganz eigenen Theologizität. Sie hoffen auf mehr Beteiligungskirche (Schendel 2020a, 12 f.). Der Einsatz von Lektor:innen und Prädikant:innen hat längst eine »systemrelevante Dimension« erreicht (Schendel 2020a, 6).

semiprofessionell und hoch engagiert

Beteiligungskirche

Die Kirche als Organisation bringt im weiten Feld des Allgemeinen Priestertums verschiedene Stufen der Professionalität mit sich. Neben professionell ausgebildeten Ehrenamtlichen sind spontan Engagierte tätig. Dazwischen liegt eine breite Mitte der nicht unbedingt ehrenamtlich tätigen getauften Kirchenmitglieder (Hauschildt/Pohl-Patalong 2013, 362–368). Dazu kommt: Neben dem kirchlichen Amt der ordinierten Pfarrer:innen gibt es andere kirchliche Berufe, die ihrerseits arbeitsteilig in verschiedenen Bereichen professionell erwerbsberuflich der Kommunikation des Evangeliums dienen. Freiwillig Engagierte zeichnen sich vor allem durch ihre besondere Motivation aus. Unter den Vorzeichen knapper werdender Ressourcen wird zukünftig das Verhältnis der verschiedenen haupt- und ehrenamtlichen Leistungen, Dienste und Kompetenzen neu austariert werden müssen. Zu den professionellen Leitungsaufgaben von Pfarrer:innen gehört die Begleitung und Befähigung von freiwillig Engagierten. Die Anerkennung und Förderung des Innovationspotenzials von Ehrenamtlichen für die Praxis der Kirche ist dafür Voraussetzung. Gegenüber der immer noch weit verbreiteten Entlastungs- und Kompensationslogik (Schendel 2020a, 14) im Verhältnis von Pfarrer:innen und Ehrenamtlichen gilt heute umgekehrt: Nicht die Ehrenamtlichen

sind für die Pfarrer:innen da, sondern die Pfarrer:innen für die Ehrenamtlichen.

Ordination als Ressource: Eine über 90-jährige Pastorin, die in den
Ordinationsgottesdienst einer jungen Probedienstpastorin in Südnieder-
sachsen eingebunden war, hat allen, die dabei waren, vor Augen geführt:

Inszenierung
des Anfangs

Es war früher und ist noch heute etwas Besonderes, den Beruf der Pas-
torin:des Pastors zu ergreifen. Vor diesem Hintergrund verstehen wir die
Ordination als Ressource im Berufsleben von Pfarrer:innen. Der feier-
liche Auftakt wird zeitlebens erinnert. Sei es, um zeitgeschichtliche Um-
stände, etwa im Blick auf Frauenordination zu erinnern, sei es, um sich
selbst schlicht und ergreifend an den Anfang eines nicht selten als
abenteuerlich erlebten Berufsalltags zu erinnern. Junge Pastor:innen diskutieren, ob Ordination allein auf den Pfarrberuf beschränkt sein sollte.
Dabei gerät die Ordination leicht zwischen die Fronten funktionaler Beauftragung und überholter Standeslogik: »Die Ordination steht in der
Spannung zwischen reformatorischem Bezug auf die Aufgabe der Kommunikation mit Gemeinde und ständischem Status« – so markiert der
Praktische Theologe Christian Grethlein die Strittigkeit der Ordination
angesichts des unaufhaltsamen kirchlichen Wandels (Grethlein 2016, 483).
War die Ordination in einer »geordneten« Gesellschaft ein plausibles
Getting-in-Ritual, so muss heute überdacht werden, wie sie als öffentlicher Beginn eines religiösen Berufs inmitten einer komplexen Gesellschaft neu formatiert werden sollte. Am Thema »Ordination« zeigen sich
auf inszenatorischer Ebene die modernitätstypischen Spannungsfelder
des Pfarrberufs: Kirche, Pfarrperson und gesellschaftlicher Kontext agieren auf anspruchsvolle Weise klärend-konflikthaft miteinander. Gerade
die überzeitlich anmutende, fast vormoderne agendarische Gestalt lässt
der:dem Einzelnen den Raum, um sich die Inszenierung des Berufs-
anfangs als Ressource für die eigene Berufsausübung autonom anzu-
eignen.

*Ordination zwischen gesamtkirchlicher Beauftragung und berufsbio-
grafischer Bedeutung:* Tatsächlich kommt der Ordination berufsbio-
grafisch eine nicht zu unterschätzende Bedeutung für Pfarrer:innen zu.
Pfarrer:innen verbinden mit ihrer Ordination, inszeniert in einem öffentlichen Ordinationsgottesdienst und in der Regel flankiert von einem Fest

öffentlicher
Beginn

der Kirche oder Gemeinde, die einmalige Initiation in den Beruf. Ordination als gesamtkirchliche Beauftragung meint: Beauftragung zum öffentlichen Dienst der Wortverkündigung und Leitung der Sakramente

(Confessio Augustana, Artikel 7 und 14). Die Ordination dokumentiert die gesamtkirchliche Beauftragung von Pfarrer:innen, auch wenn diese zeitlebens in einer kleinen Dorfgemeinde ihren Dienst tun.

Gerade in Kirchen, in denen Einzelordinationen durchgeführt werden, haben Ordinationen teilweise Züge einer Kasualie angenommen. Beide Aspekte – der gesamtkirchliche und der individuelle – passen zwar gerade im Blick auf das Ineinander von Amt und Person durchaus zusammen, stehen aber auch in einer gewissen Konkurrenz: Ordination als kirchliches Fest öffentlicher Beauftragung versus Ordination als Fest der individuellen Pfarrperson (die etwa durch ein Foto der Ordinandin:des Ordinanden auf der Einladungskarte zum Teil individuell inszeniert wird). Institutionelle und individuelle Inszenierungsanliegen treffen aufeinander und müssen in einen kohärenten Zusammenhang gebracht werden. Im Ordinationsgottesdienst treffen im Kernritual innere und äußere Berufung *(vocatio interna* und *vocatio externa)* zusammen.

Kirchenfest und Kasualie

Die Ordination ist Teil des Institutionencharakters des Pfarrberufs: Es geht dabei um Verlässlichkeit und Dauer. Es geht darum, dass Pfarrer:innen das, was sie als lebensbestimmend erkannt haben, auf Dauer auch für andere Menschen zugänglich machen wollen und sich als verbindlich darauf ansprechbar zeigen. Umgekehrt verpflichtet sich die Kirche, die Ordinierten in ihrem Amt zu schützen und gerade im Spannungsfeld von Person, Beruf und Amt zu unterstützen. Die Ordination bringt den institutionellen Aspekt des Pfarrberufs als kirchlichem Beruf aus evangelischer Perspektive auf den Punkt.

Diese Institutionalität des Berufs ist indes selbst fraglich geworden. In dem Maß, in dem die Kirche sich von der Institution zur Organisation entwickelt, gerät die Ordination in die Gefahr, als Relikt einer anachronistischen Ordnung von Kirche wahrgenommen zu werden, die einem längst überholten Standesdenken verhaftet ist. Diese Einsicht ist für Pastor:innen höchst ambivalent. Biografische und kirchentheoretische Aspekte treten zueinander in eine schmerzliche Konkurrenz. Das zeigt, dass die Beruflichkeit des Pfarramts noch nicht vollends erschlossen ist, sondern eine Standeslogik dann weiter tradiert wird, wenn sie sich stabilisierend auf die Berufsidentität auswirkt.

überholte Standeslogik

Ordination zwischen Exklusivität und neuem Miteinander mit Ehrenamtlichen und anderen kirchlichen Berufen: Im Kontext zunehmend semiprofessionell ausgebildeter ehrenamtlich tätiger Prädikant:innen im Verkündigungsdienst, aber auch im Kontext eines neuen Miteinanders kirchlicher Berufe ist die Ordination exklusiv für Pfarrer:innen zu-

Ordination: exklusiv?

nehmend schwer vermittelbar. Auch die Weiterentwicklung anderer kirchlicher Berufe, etwa dem der Diakon:innen, berührt das Verständnis der Ordination und mithin das Berufsprofil der Pfarrer:innen. Die Diskussion um die Ordination stellt genau diese Frage in den Mittelpunkt und fragt nach Möglichkeiten, die Ordination als Beauftragung verschiedener Ämter und Dienste in der Kirche zu verstehen. In der Evangelischen Kirche im Rheinland etwa werden seit 2005 auch ehrenamtlich tätige Prädikant:innen ordiniert, wie es auch in der Evangelischen Kirche Mitteldeutschlands Usus ist, während andere, insbesondere lutherische Kirchen, an der ausschließlich den Pfarrer:innen vorbehaltenen Ordination festhalten. Die Grundsatzentscheidung der VELKD im Papier »Ordnungsgemäß berufen« (2006) geht davon aus, dass es *geistlich zwar* nur *eine* »ordnungsgemäße Berufung« zum Amt der öffentlichen Verkündigung entsprechend dem Augsburger Bekenntnis (Artikel 14) gibt, diese aber *funktional* in verschiedenen, unterschiedenen Diensten wahrgenommen wird. In dieser Argumentationslinie liegt diejenige kirchliche Praxis, die die »Ordination« von Pfarrer:innen von der »Beauftragung« von Ehrenamtlichen zur öffentlichen Wortverkündigung und Leitung der Sakramente unterscheidet. Diese Praxis ist pragmatisch hinsichtlich der unterschiedlichen (Dienst-) Aufträge und Berufsprofile nachvollziehbar. Theologisch aber gilt: »Beauftragung mit dem öffentlichen Verkündigungsamt und Ordination sind theologisch geurteilt ein und dasselbe« (Wenz 2005, 64). Unterschiede können lediglich hinsichtlich der Ausübung gemacht werden. Eine neue Studie zur ehrenamtlichen Verkündigung in der Evangelisch-lutherischen Landeskirche Hannovers hat gezeigt: Die Hochschätzung theologischer Gleichrangigkeit bedeutet nicht, dass die befragten Prädikant:innen mehrheitlich die Ordination anstreben würden. 43 % der Befragten befürworten die gegenwärtige Praxis der Beauftragung, während 39 % für eine Ordination plädieren (Schendel 2020a, 12).

ökumenische Perspektive

Ordination im ökumenischen Kontext: Das Verständnis von Amt, Ordination und Episkope bildet eine Kernfrage des ökumenischen Gesprächs, nicht nur im Gegenüber zur römisch-katholischen Kirche, sondern auch innerhalb der Kirchen der Reformation. Hier bestehen unterschiedliche Auffassungen von Amt und Ordination. Diese betreffen aber nicht den Grund der Kirche, sondern allein »die Gestalt der Kirche« (Körtner 2011, 83, 85, 90). Dabei darf nicht übersehen werden, welche Errungenschaft die Frauenordination im Blick auf das evangelische Selbstverständnis und die Berufsförmigkeit des Pfarrberufs innerhalb der reformatorischen Kirchen ist. Sie stellt ein »Markenzeichen« reformatorischer Kirchen nicht

Frauenordination als Markenzeichen

nur in Deutschland, sondern weltweit dar. Ab 1940 führten erste Landeskirchen die Ordination von Frauen ein. Im Jahr 2016 haben circa 90 %
der Mitgliedskirchen im Lutherischen Weltbund die Frauenordination
praktiziert (Konferenz der Frauenreferate und Gleichstellungsstellen in
den Gliedkirchen der EKD/Studienzentrum der EKD für Genderfragen
in Kirche und Theologie 2017, 14 f.). Der Frauenordination kommt nicht
zuletzt im Gegenüber zum katholischen Amtsverständnis bis in die
Gegenwart eine wesentliche Bedeutung zu. Ulrich H. J. Körtner (2021) hat
darauf aufmerksam gemacht: Die Frauenordination ist kein Spezialfall,
sondern ein zentraler Bestandteil der Ämterdebatte. Nach römisch-ka-
tholischer Auffassung ist die Ordination von Frauen eine unmögliche
Möglichkeit. Um des eigenen evangelischen Profils willen muss sich das
Verständnis, aber auch die Praxis der Ordination grundsätzlich an den
evangelischen Grundsätzen des allgemeinen Priestertums messen lassen:

> »Alles, was von dem geordneten Amt und von der Ordination be-
> hauptet wird, wird dann zu Recht behauptet, wenn es dem allgemeinen
> Priestertum aller Glaubenden dient und dieses stärkt. Alles, was von
> dem geordneten Amt und von der Ordination behauptet wird, wird
> dann zu Unrecht behauptet, wenn es dem allgemeinen Priestertum
> aller Glaubenden nicht dient, sondern dieses beeinträchtigt. Denn
> Gott will mündige Christen« (Jüngel 2005, 57).

Mit einem neu zu findenden Miteinander der kirchlichen Berufe wird
weiter ein Diskurs darüber geführt werden müssen, was »ordentlich berufen« bedeutet. Dadurch werden sich neue Gestaltungsmöglichkeiten
für die Initiationsrituale in kirchliche Berufe eröffnen.

3 Essentials

3.1 Pfarrer:in sein in der Gesellschaft: erkundend und entäußernd

Erkundender Beruf: Zum Beruf eines Pfarrers:einer Pfarrerin gehört, die Welt immer wieder neu sehen zu lernen. Am Anfang steht das Staunen. Jesus stellte dafür ein Kind in die Mitte, zwischen all die erwachsenen Leute (Mk 9, 37). Staunend in der Welt zu sein, erfordert eine Haltung, die das Kleine, das Unbeachtete, das zunächst Bedeutungslose sieht. Pfarrer:innen weisen andere Menschen darauf hin, wie man die Welt »auch

»auch noch«   noch« sehen kann – eingebettet in die Grunderzählungen des christlichen Glaubens. Dieses Erkunden steht dem Flanieren nahe. Das »ziellose Umherstreifen« entstand im frühen 19. Jahrhundert, als die Pariser Innenstadt Passagen erhielt, Überdachungen aus Stahl und Glas. Pfarrer:innen erkunden die Welt vorbehaltlos, weil sie sich darin geschützt wissen. Geschützt von der Botschaft, aus der sie leben. Und doch fühlen Pfarrer:innen sich oft ausgesetzt – den Erwartungen anderer, gesellschaftlichen Anfragen, den eigenen Leistungsansprüchen, der christlichen Botschaft selbst. Sie verhalten sich zielgerichtet und zugleich offen. Es ist wie ein

offener Blick   »Über-die-Baustelle-Gehen«, nicht ganz zweckfrei, aber doch mit offenem Blick. Oder wie ein:e Landwirt:in, der:die seine:ihre Felder in den Blick nimmt. Es ist eine insofern privilegierte, aus der Logik der unmittelbaren Verwertung herausgehobene Tätigkeit. Zweckfrei wie manches, was Geistliche tun: Gottesdienste feiern, die Welt ins Gebet nehmen. Und dies trotz Gottesdienstplänen und vollen Terminkalendern. Sie prägen sich die Welt und ihre Menschen mit den Füßen und dem Herzen ein: Was ist hier geschehen? Was ist hier von Gottes Wirken zu erkennen? Pfarrer:innen erkunden die Gegenwart im Licht der christlichen Grunderzählungen und sie finden ihre eigene Rolle darin. Sie erkunden den sozialen Raum, Geschichten und Kulturen. Pfarrer:innen sehen die Welt, wie sie von Gott redigiert und durch die Augen christlichen Glaubens kuratiert ist. Gerade wenn es darum geht, religiöse Kommunikation zu fördern und religiöse Ereignisse anzubahnen angesichts der Entwicklungen in Ökonomie, gesellschaftlichem Wandel und Digitalität, hilft Pfarrer:innen in dieser offenen Situation eine erkundend-experimentelle Haltung. Beschreibungen bleiben dann notwendigerweise auch offen und erscheinen oft zunächst unklar. Allerdings machen es diese Suchbewegungen wahrscheinlich, dass Einstellungen generiert werden, die hinreichend komplex sind, um für die Wirklichkeit, die Menschen gegenwärtig umgibt, anschlussfähig zu sein und letztlich verstanden zu werden. Das ist eine hohe Anforderung in einer Welt, in der Planung, Struktur und Kausalzusammenhänge eine prägende Rolle spielen.

Die Welterkundung von Pfarrer:innen erfolgt theoriegeleitet, hauptsächlich mit Methoden empirischer Theologie. Seit der empirischen Wende im 20. Jahrhundert steht ein vielfältiges Potpourri an Methoden zur Verfügung, um die Wirklichkeit theoriegeleitet zu erschließen. Fanden diese Methoden zunächst vor allem Eingang in die akademische Theologie, so haben sie durch Maßnahmen der Aus-, Fort- und Weiterbildung nach und nach auch Einzug in die berufliche Alltagspraxis von Pfarrer:innen gehalten. Sie verfolgen damit keine quantitativ gestützten Forschungsinteressen, sondern erheben qualitative Ergebnisse im Blick auf das eigene Arbeitsfeld. Pfarrer:innen geht es ums Erforschen, nicht primär um Forschung. So geben sie dem eigenen Erkunden eine Tiefe und gewinnen Distanz zur alltäglichen Gefahr, eigentlich immer schon alles zu wissen zu meinen. Sie entwickeln erkenntnisleitende Fragen und verarbeiten die Ergebnisse empirischer Forschung in ihrem Berufsalltag. Methodisch geleitete Wahrnehmung ist zu einer pastoralen Schlüsselkompetenz geworden in einer Welt, die von Kontingenz und Diversität geprägt ist. Eine zentrale Zugriffsweise bieten dabei exemplarische Leitfadeninterviews, weil sie der klassischen pfarrberuflichen Gesprächssituation vom Setting her ähnlich sind. Dichte Beschreibungen lassen Textmaterial entstehen, das für Redeanlässe weiter genutzt werden kann. Auch gegenstandsbegründete Theorien, die Aufmerksamkeit auf Artefakte richten, verbreiten sich.

Die Teilnehmende Beobachtung aus dem Bereich der qualitativen Methoden der Sozialforschung bietet sich für eine exemplarische Erarbeitung besonders an, weil sie mit ihrem reflektierten Spannungsverhältnis von Einlassung und Distanznahme eine auffällige Nähe zum Rollenset des Pfarrberufs hat. Sie hat zum Ziel, sich lokalen (religiösen) Praktiken synchron zu machen und gleichzeitig auch augenscheinlich festen Wissensbestand neu zu verfremden. Sie hat die Handhabung der persönlichen

empirische Theologie

Kontaktformen zum Gegenstand. Damit löst sie eine Anforderung an die Pfarrberuflichkeit ein, insofern es auch hier zentral ist, dass Menschen die Prozesse und Dinge, um die es geht, verkörpern. Die Verunsicherung, die damit notwendigerweise einhergeht, ist anthropologisch bedingt und wird zugleich durch den Gegenstand des Interesses verstärkt. In dieser wesensmäßigen Unsicherheit mit Gründen deutungs- und handlungsfähig zu werden und zu bleiben, ist eine zentrale Anforderung pastoraler Praxis. Die Verschriftlichung ist ein wesentlicher, oft unterschätzter Arbeitsschritt der Teilnehmenden Beobachtung. In diesem Prozess entstehen noch einmal neue Einsichten, die das bislang Wahrgenommene verdichten.

wesensmäßige Unsicherheit

Solche Einlassungen auf die Wirklichkeit sind dem Pfarrberuf strukturanalog: Pfarrer:innen begeben sich in ein bereits vorhandenes Feld und leben dort mit, ohne zuvor detailliert festgelegte Untersuchungsstruktur, mit dem Ziel, Erkenntnisse über das Feld religiöser Phänomene (Kommunikationslogiken, Ereignisse) zu erlangen. Sie bringen dies überhaupt ans Licht und ins Gespräch mit christlichen Grunderzählungen und -überzeugungen. Sie organisieren helfendes Handeln, wo Menschen mit Beeinträchtigungen und Leiden konfrontiert sind, sie geben Impulse, die Welt in einem anderen Licht – von Gott her – zu sehen.

Im Bereich der handwerklichen Praktiken gehören kleine Formen des Sicherns und Notierens in das Feld des Erkundens. Dies kann ein homiletisches Tagebuch sein, phänomenologische Notizen, Webcam-Schreiben. Je eingeübter diese Formen sind, umso leichter fällt es Pfarrer:innen, wirklich zuzuhören und die so wahrgenommene Welt ins Gespräch zu bringen.

Methoden unterstützen sie dabei, im Spannungsfeld des allzu zweckfreien Umherstreifens und der Taktung alltäglicher Anforderungen ein rechtes Maß an Freiheit und Zielerreichung zu finden. So ist seit einigen Jahren ein Reichtum an Handwerkszeug entwickelt worden, um etwa den Sozialraum durch Wahrnehmung und im Gespräch mit Menschen vor Ort zu erschließen.

Routine und Überraschung

Eine Routine in beidem – der Bearbeitung alltäglicher Anforderungen und dem erkundenden Wahrnehmen – ist hilfreich und notwendig: Die Routine entlastet und ermöglicht, Überraschendes überhaupt zuzulassen. Überraschendes wird umgekehrt handhabbar, indem es in Routinen eingebettet werden kann, auf die Verlass ist. Wenn Pfarrer:innen etwas (ein Kasualgespräch, eine Gottesdienstvorbereitung, eine Konfirmand:innenrüstzeit) zum x-ten Mal machen, sehen sie zwar einen Workflow der Dinge, die zu erledigen sind, vor sich. Sie müssen aber mit Fug und Recht davon ausgehen, dass sich dennoch überraschende Dinge ereignen, die für reli-

giöse Kommunikationsprozesse bedeutsam sind. So kommt durch das
Reden und Tun von geistlichen Personen wirklich »Neues« in die Welt.

Nichtreligiös konnotierte Pfarrbilder: Der Pfarrberuf ist ein öffentlicher
Beruf. Im Unterschied zu allen anderen Getauften unterliegt seine Aufgabe, das Evangelium in die Welt zu bringen, nicht der persönlichen Wahl.
Pfarrer:innen garantieren verlässlich, auf Gottes Geschichte mit den Menschen in der Welt hinzuweisen. Dafür finden sie Worte, Begegnungen
und Unterstützungsgesten. Diese Öffentlichkeit korreliert unter postmodernen Bedingungen nun nicht mehr nur mit Sichtbarkeit allein, auch
wenn die Decodierbarkeit einer Pfarrperson eines der wenigen Dinge ist,
die laut KMU V von Kirche überhaupt noch gesellschaftlich erkennbar ist.
Der Pfarrberuf ist etwas, was sich zunehmend im Verborgenen abspielt.
Das betrifft nicht nur Arbeitsbereiche, die ihrem Wesen nach nichtöffent-
lich sind und über die entweder nur aus persönlicher Erfahrung oder vermittelt gesprochen werden kann, weil sie nicht allzugänglich sind. Das
betrifft auch den pastoralen Dienst in einer Gesellschaft, in der Kirchlichkeit zu einem Minderheitenphänomen geworden ist oder werden wird.
Es geht darum zu lernen, »minderheitlich zu leben« (Sagert 2021). Das
Handeln von Pfarrer:innen in dieser Situation mit religiösen, biblischen
oder theologischen Begriffen zu beschreiben, ist nicht mehr allgemein
plausibel und als Berufstheorie allenfalls kirchenintern nachvollziehbar.
    Wir halten es deshalb für besonders hilfreich, dass die pastoraltheo-
logischen Entwürfe der letzten Jahre in unserem Kulturkreis nahezu ausschließlich nichtreligiöse Beschreibungen des Pfarrberufs angeboten
haben: der:die Manager:in der Hinterbühne, die Existenz auf der Schwelle,
die Regie, die Assistenz. Weil es sich um einen religiösen Beruf in der
Welt handelt, findet der Pfarrberuf zu sich selbst in einer nichtreligiösen
Beschreibung seiner selbst.

Pfarrer:innen als Manager:innen: Die Herkunft des Wortes »managen«
changiert zwischen »manus« (lat. Hand) und »maneggiare« (ital. in die
Manege führen). Demnach ist zum einen eine Tätigkeit beschrieben, die
handwerklicher Natur ist, die dem letzlichen Werk aber nur noch mittel-
bar anzusehen ist. Möglicherweise ist es eine spezifische »Handschrift«,
die an etwas sichtbar wird. Das Bild der Manege beschreibt zum anderen
eine Person, die jemandem den Weg auf eine Bühne überhaupt erst bahnt,
selbst dort aber keine Rolle spielt. Das Bild eines Pfarrers:einer Pfarrerin
ist hier das einer leitenden Person: Sie bahnt an, ermöglicht, entscheidet

auch – tritt aber nur im Ausnahmefall überhaupt handelnd in Er-
scheinung. Zumindest in dieser Zuspitzung ist dieses Porträt des Pfarrberufs kein Commonsense, allzu belastet sind die Pfarrer:innen doch
unter gegenwärtigen Bedingungen von der überfordernden Fülle ihrer
Tätigkeiten. Die Coronapandemie hat ahnen lassen, dass sich gemeinhin
angenommene Üblichkeiten auch enttarnen lassen. Ein solch kritischer
Impuls geht allemal von einem Pfarrbild aus, das dem:der Pfarrer:in
hauptsächlich einen Ort auf der Hinterbühne zuweist.

Pfarrer:innen als Regisseur:innen und religiöse Assistent:innen: Auch andere Bilder des Pfarrberufs sind dem Feld des Theaters, mithin des Spiels,
entlehnt. So haben Pfarrer:innen vor allem auch »Regiekompetenz« (Hermelink 2014) auszubilden, um mit einer Vielfalt von Anforderungen umzugehen. Ihre Aufgabe ist es im Feld aller möglichen Tätigkeiten, die
Akteur:innen und Handlungen so zu koordinieren, dass in dieser Konstellation etwas vom Eigentümlichen des christlichen Glaubens erkennbar wird. In eine ähnliche Richtung verweist die Rede von der »Assistenz«,
die stärker den unterstützenden Charakter des pastoralen Berufs betont:
Pfarrer:innen sind hier Ermöglicher:innen, sodass andere theologieproduktiv sein können.

*Theologie-
produktivität
ermöglichen*

Pfarrer:innen »auf der Schwelle« und »auf der Welle«: Im Ensemble einer
Vielzahl von Akteur:innen kommt der:die Pfarrer:in nicht mittendrin
zum Stehen, sondern bleibt immer auf der Schwelle – als Grenzgänger:in
zwischen innen und außen, heilig und profan, Verstehen und Irritation
(Wagner-Rau 2011). Neben diesen mentalen Bildern, die in der pastoraltheologischen Literatur geronnen sind, entwickeln Pfarrer:innen auch
selbst nichtreligiöse Bilder für den eigenen Beruf: So titelte ein Berufsbild-
prozess der letzten Jahre etwa mit »Auf der Welle«. Pfarrer:innen finden
ihre berufliche Tätigkeit metaphorisch wieder in der Villa Kunterbunt,
in Hogwarts, gleich einem Zaubereiministerium. Typisch für diese individuellen Zuschreibungen ist die Herausforderung, das Bild eben auch
nur selbst auf seine Leistungsfähigkeit, seine Begrenzungen und Chancen
ausloten zu können. Es ist völlig deinstitutionalisiert, allenfalls finden sich
Filter Bubbles, in denen derart singularisierte Berufsbilder anschlussfähig
sind. Möglicherweise deshalb finden sich in solchen Kontexten verstärkt
Aufgabenbeschreibungen der »klassischen« Pastoraltheologie (wie etwa
der Begriff »Verkündigung«), die ihrerseits in ihrer Bedeutung neu erschlossen werden wollen.

All diese nichtreligiösen Beschreibungen für den Pfarrberuf ringen mit seiner spezifischen Erkennbarkeit und den Veränderungen, denen alle Professionsberufe derzeit unterliegen. Gesucht werden, jenseits der Bilder aus der theologischen Tradition, Umschreibungen, die sowohl die neoliberale Aufmerksamkeitsökonomie transzendieren als auch die Erwartung der Organisation, »den Laden am Laufen zu halten« – so nachvollziehbar dieser Wunsch ist und so sehr Pfarrer:innen als Organisationsangehörige an ihm teilhaben. Es handelt sich um Beschreibungen von Hinter- und Nebenräumen.

Dass der öffentlichste Beruf der verfassten Kirche gerade unter Säkularisierungsbedingungen auch »kenotische« Züge trägt, indem er (momenthaft) auf die Hinterbühne abtritt, gehört zu den Paradoxien des Christentums. Dabei kann an ähnliche Haltungen angeknüpft werden, wie sie aus den Anfängen der Moderne überliefert sind: die latente Theologie, das anonyme oder verborgene Christentum. Auch emergente Theologie oder die Pyrotheologie als Beispiel einer zeitgenössischen Negativen Theologie gehören in den letzten Jahrzehnten zu theologischen Strömungen, die für das Berufsverständnis von Pfarrer:innen prägend sein können.

Dafür, wie das Christentum je und je zur Darstellung kommt, sind biblische Überlieferungen maßstäblich. Pfarrer:innen leiten das an und zeigen es exemplarisch. Was Berufsreligiöse tun, tritt in Resonanz zu Wirken und Geschick Jesu, ohne es direkt nachzuahmen. So kann pfarrberufliches Handeln zu einem Fraktal der Wirksamkeit Jesu werden – und zwar gerade dann, wenn Pfarrer:innen »auf der Schwelle« Grenzen überschreiten und pastorales Handeln sich in die Welt hinein entäußert. Damit wird die Kirche, die dadurch in die Welt kommt, für Pfarrer:innen selbst zum Assistenzsystem, um dies zu ermöglichen.

Die Belastung, die diese autonom-singuläre Position erfordert, kann durch routinierte Kollegialität etwa in Gestaltung formaler Zusammenkünfte wie Pfarrkonferenzen u. ä. abgefedert werden. Hier ist der Ort der sozialen Praxis, die hilft, die Krise des Tätigkeitsprofils zu bearbeiten. Dies betrifft nicht nur die Aufgabenfülle, sondern auch den Umstand, dass man angesichts eines Pfarrberufs, der anderen Menschen ermöglicht, kirchlich tätig zu sein, landläufig meinen könnte, er selbst sei nicht mehr nötig. Auch informelle kollegiale Gruppen erfüllen idealerweise diese Klärungs- und Entlastungsfunktion. Umgekehrt besteht die Gefahr, sich in der ins Säkulare hinein entäußerten Beruflichkeit selbst zu verlieren, auch als religiöse Person. Hier sind es Formen eigener berufs-

Fraktal der Wirksamkeit Jesu

Kirche als Assistenzsystem

Kollegialität

bezogener Religiosität, die vermeiden helfen, im rein Privaten zu verschwinden.

Von diesem Ort her ist es gerade das Religiöse des Pfarrberufs, das nichtreligiös beschrieben wird. Madeleine Delbrêl hat es so formuliert (zit. n. Balthasar 1975, 67):

>»Denn ich glaube, du hast von den Leuten genug,
> die ständig davon reden, dir zu dienen – mit der Miene von Feldwebeln,
> dich zu kennen – mit dem Gehabe von Professoren,
> zu dir zu gelangen nach den Regeln des Sports,
> und dich zu lieben, wie man sich in einem alten Haushalt liebt.
> Eines Tages, als du ein wenig Lust auf etwas anderes hattest,
> hast du den heiligen Franz erfunden
> und aus ihm deinen Gaukler gemacht.
> An uns ist es, uns von dir erfinden zu lassen,
> um fröhliche Leute zu sein, die ihr Leben mit dir tanzen.«

3.2 Pfarrer:in sein in der Gesellschaft: vernetzt und entnetzt

Taktiken des Vernetzens: Ikonisch für den Pfarrberuf ist die *eine* Pfarrperson (meist ein Mann, erst in der jüngsten Zeit programmatisch eine Frau oder auch ein gleichgeschlechtliches Paar), die im preußischen Talar mit Beffchen oder Halskrause in oder vor einem typischen Kirchgebäude, etwa aus der Zeit des Historismus, steht. Auf dem Cover dieses Buches bedienen wir uns dieses Bildes, führen es aber insofern weiter, als die Pfarrerin konzentriert aus dem Inneren der Kirche heraus ins Offene, über die Schwelle hinaus auf das schaut, was im Moment allenfalls schemenhaft erkennbar ist. Um diese zukünftigen Gestaltungsanforderungen zu erkunden, helfen unterschiedliche Perspektiven verschiedener Personen und anderer Akteur:innen, die in der Kirche wirksam sind. Der Pfarrberuf ist ein vernetzter Beruf. Insofern hat sich die Berufsikonografie, die möglicherweise aus dem Primat der Einzelseelsorge als zentraler pastoraler Aufgabe des 20. Jahrhunderts folgt, in den vergangenen Jahren weiterentwickelt. Niemand ist für sich allein Pfarrer:in. Die Ordination vernetzt in die eine Kirche und beauftragt zum Dienst in ihr. Historisch stimmt das jeweilige Pfarrer:in-Sein durch die permanente Auslegung der Schrift in das theologische Gespräch durch die Zeiten ein, schließt an die Story Israels, Jesu und der ersten christlichen Gemeinden an. Organisatorisch sind Pfarrer:innen grundsätzlich in die Gremien ihrer Landeskirche eingebunden, die Teilnahme und Mitwirkung an konventualen Zusammenkünften gehört zu den Dienstpflichten. Zunehmend wird (wieder) entdeckt und auch strukturell abgebildet, dass der Pfarrberuf ein kollegialer Beruf ist. Er ist auf die Gaben der Amtsgeschwister, die Entlastungen der Arbeitsteilung sowie die Zusammenarbeit mit anderen kirchlichen Berufen angewiesen, damit das Evangelium im jeweiligen Verantwortungsbereich vielstimmig verlässlich Stimme und Gestalt erhält. Seitdem sich gesellschaftlicher Wandel rasch, divers und unabsehbar vollzieht und Kirche zugleich den Anspruch erhebt, in die Gesellschaft hineinzuwirken, orientiert sie sich sozialräumlich. In vielen klassisch-kerngemeindlich orientierten Gemeinden ist dies eine Aufgabe, die zuvörderst und auch gegen Widerstände von Pfarrer:innen vorangetrieben wird. Zu den Aufgaben von Pfarrer:innen gehört es, aktive Netzwerkpolitik in die jeweiligen Öffentlichkeiten ihres Verantwortungsbereichs hinein zu betreiben: Sie sind nicht nur mit Gruppen und Kreisen jedweder Art in Kontakt, sondern auch mit Vereinen, Parteien, kommunalen und regionalen Gremien, Bürgerinitiativen, Interessengruppen, Schulen, Kindertageseinrichtungen, Unternehmerverbänden etc. Noch immer gilt, dass Pfarrer:innen diejenigen Personen sind, die in einem Ort die größte Anzahl verschiedener Menschen kennen. Die zunehmende digitale Interaktion wird geradezu mit dem Symbol des »Netzes« identifiziert. Kein:e Pfarrer:in kann dies allumfassend gestalten: Es gilt auszuwählen, wo die höchste Dringlichkeit und die meiste Wirksamkeit sind. Das setzt gute Feldkenntnisse voraus. Dabei dürfen Pfarrer:innen sich nicht »verheddern« oder »verzetteln«. Die Menge und Komplexität der vorfindlichen und proaktiv gestalteten Vernetzungen macht es nötig, dass Pfarrer:innen Zeiten und Räume finden, die ohne den Inszenierungsdruck auskommen, mit dem Vernetzung einhergeht: Vernetzen und Entnetzen gehen Hand in Hand, damit Unübersichtlichkeit gut gemanagt werden kann.

Taktiken des Entnetzens: Der Öffentlichkeit und dem hohen Vernetzungsgrad des Pfarrberufs korrespondiert die Notwendigkeit, grundsätzlich in der Lage zu sein, sich effektiv von diesen Beziehungen abgrenzen zu können, um leichter zu sich selbst in Resonanz zu gelangen. Gerade die hohen Wahrnehmungsanforderungen des Berufes verschärfen diese Notwendigkeit. Pfarrer:innen haben in besonderer Weise das Recht, auf Distanz zu

Konventualität als Dienstpflicht

Recht auf Distanz

gehen. Damit symbolisieren sie den Umstand, nie vollständig in dem, was sichtbar ist, aufzugehen. In religiöser Hinsicht gesprochen lautet die Frage, wie Pfarrer:innen die Dimension des Unverfügbaren in ihrem Beruf abbilden können. Es zählt doch zu ihren grundlegenden Aufgaben, auf die »Entnetzung« von selbstverständlich Gewusstem, scheinbar Zwangsläufigem und Ursache-Wirkungs-Zusammenhängen hinzuwirken, ohne dass Menschen den Boden unter den Füßen völlig verlieren. Nichts ist so zwangsläufig, wie es die funktionierende Welt uns glauben machen will. Was kann ich mir als Pfarrer:in vornehmen, um die Unterbrechung, durch die das Religiöse ansichtig wird, aufscheinen zu lassen? Schließlich ist jede Ruhe, Muße und Stille von außen betrachtet auch immer als Chaos und Faulheit deutbar. Es ist nicht leicht, »die Maschine anzuhalten«, den Totalanspruch der Termine auf das Berufsleben zu begrenzen und alle säkularen Heilsversprechen eines »never stop a running system« auszuschlagen. Ständig erreichen Pfarrer:innen Angebote, tätig zu sein und an (zweifellos guten) Dingen teilzuhaben. Organisation und Verwaltung profitieren von Pfarrer:innen, die gesund sind und funktionieren. Es sind also im Regelfall die Pfarrer:innen selbst (oder Vorgesetzte in ihrer Funktion als Pfarrer:innen), die Einspruch erheben müssen gegen Perfektionsansprüche, die Sichtbarkeit verweigern, die »Lassens-Fähigkeit« zur Kompetenz adeln und damit den Phänomenen des Overpowerments Einhalt gebieten. Das erzwungene »Lassen« durch die Coronapandemie ab März 2020 hat gezeigt, dass das pastorale Tätigkeitsein skalierbarer ist, als die meisten vorher vermutet haben (Eimterbäumer u. a. 2021). Das hat manchen Freiräume geschaffen, sich ungeahnte Möglichkeiten, auch durch technische Innovation, zu erschließen. Umgekehrt ist es nicht die Überwältigung durch neue und ubiquitäre technische Möglichkeiten, die Pfarrer:innen ganz einnehmen sollen. Diese beruflich nötige Distanz ist grundsätzlicherer Natur gegenüber der Gestaltung eines angemessenen Nähe-Distanz-Verhältnisses zur Gemeinde oder einzelnen Menschen, die einer Pfarrer:in begegnen. Für diese Fähigkeit ist es notwendig, Situationen bewusst zu bewerten. Wirksamkeit wird gegenüber der Sichtbarkeit zum ausschlaggebenden Kriterium pfarrberuflichen Tuns. Dies erfolgt mit dem Ziel, sich eine gebildete Souveränität zu erhalten und Akteur:in unter Akteur:innen zu bleiben, der:die den Gegenstand ihres Berufs dennoch nicht selbst herstellen kann. All dies wird gemeinhin gewusst, aber nur selten umgesetzt. Deshalb benötigen Pfarrer:innen »Taktiken der Entnetzung« (Zurstiege 2019) als Resonanz auf die vielfältigen Verwobenheiten des Pfarrberufs. Taktiken sind »Praxis von unten« (Certeau 1988),

Unverfüg-barkeit

Lassens-Fähigkeit

die keinen gegenkulturellen Impuls haben, sondern vernünftige Handlungen des:der Einzelnen sind, mit (kulturell) übermächtigen Situation zurechtzukommen. Dabei ist die Entnetzung genau kein Gegensatz zur Vernetzung, sondern eine logische Handlungsstrategie innerhalb des vernetzten Handelns (Stäheli 2021). Eine solche integrierte Praxis kann aber etwa sein, sich radikal und kompromisslos abzugrenzen. Eine zweite Gruppe von Praxen rät zur Adaption an neue Herausforderungen, zu Lernen und Selbstregulierung. Eine dritte Gruppe schließlich plädiert für temporären Verzicht, um in dieser Zeit Kräfte zu sammeln für das, was zukünftig ansteht. Alle drei Varianten von Entnetzungstaktiken finden sich auch in der Pfarrschaft. Mit Auszeiten, Ruhe und Stille zeigen sie an, dass das Leben sich nicht im Tätigsein erschöpft und dass Menschen entscheiden, soziale Kontakte aufzunehmen und zu gestalten. Pfarrer:innen tun insbesondere gut daran, sich solche Taktiken zuzulegen, da sie es in ihrem Beruf grundsätzlich immer mit einer Fülle vieler möglicher Aufgaben, Erreichbarkeiten und sozialer Bezüge zu tun haben.

Die Sozialität der beruflichen Kontakte kann jedoch nicht darüber hinwegtäuschen, dass Pfarrer:innen auch in hohem Maße Anteil haben an der Einsamkeit, die weite Teile unserer Gesellschaft derzeit erfasst: Zum einen ist es das Amt, das einsam machen kann, wenn die kollegialen Netzwerke zu lose gespannt sind. Zum anderen kann das Erratische und Irritierende dieses Berufs in einer Umwelt, die zunehmend säkularisiert ist, dazu führen, dass Pfarrer:innen sich immer weiter in Komfortzonen zurückziehen, die zusehends kleiner werden. Oft entsteht Einsamkeit unter Pfarrer:innen auch dadurch, dass sie in Orten wohnen (müssen), mit deren Mikrokultur sie persönlich schlecht zurechtkommen. Beruflich-persönliche Anforderungen drohen dann, das private Leben in einer nicht selbst gewählten Weise ungut mitzuprägen. Schließlich sind Pfarrer:innen natürlich auch Teil der gesamtgesellschaftlichen Tendenz, dass Menschen sich immer stärker als vereinsamt wahrnehmen. Pfarrer:innen sind somit auch Teil der Entwicklungen, gegen die sie im Rahmen kirchlicher Tätigkeit unterstützende Projekte initiieren.

Einsamkeit

3.3 Pfarrer:in sein in Person: fromm und authentisch

Frömmigkeit und Pfarrberuf: Der Pfarrberuf ist ein geistlicher Beruf. Pfarrer:innen bringen in ihrem beruflichen Handeln eine geistliche Dimension, anders ausgedrückt: einen Bezug zu einer unsichtbaren Wirklichkeit, ins Spiel. Diese geistliche Dimension beruflichen Handelns macht den Pfarrberuf wesentlich aus. So schnell darüber Einigkeit erzielt ist, so sehr löst doch schon die Frage »Wie fromm müssen Pfarrer:innen sein?« unter (angehenden) Pfarrer:innen heftige Diskussionen aus. »Fromm sein« wirkt althergebracht und von außen aufoktroyiert. Traditionelle Frömmigkeitsformen des Protestantismus erscheinen nicht nur außerhalb der Kirche, sondern auch den Pfarrer:innen selbst mitunter fremd. Darunter leiden nicht wenige und suchen nach angemessenen Formen einer *praxis pietatis*. In der Pfarrausbildung wird gegenwärtig stärker mit dem Begriff »Spiritualität« gearbeitet. Seine prinzipielle Unbestimmtheit scheint eine Hilfe zu sein, sich diesem Bereich gelebter Religion zu nähern, der wesensmäßig zum christlichen Glauben gehört. Befragungen von Pfarrer:innen haben ein neues Interesse und den Wunsch zutage treten lassen, im Berufsalltag mehr Zeit für persönliche Religiosität zu haben. Viele entdecken die persönliche Praxis des Glaubens als Ressource für die Bewältigung beruflicher Stresssituationen.

praxis pietatis reloaded

Über die persönliche Religiosität oder die persönliche Praxis des Glaubens gibt es aber erstaunlich wenig Austausch unter Pfarrer:innen. Zum einen ruft Frömmigkeit als Ausdruck des Glaubens, der alle Sinne anspricht, bei den einen mitunter Scham, bei den anderen Distanzierung hervor. In beidem wirkt sich das als übermächtig empfundene kognitive Paradigma evangelischer Theologie aus. Dies könnte den Anschein erwecken, als hätte der Pfarrberuf mit Frömmigkeit gar nichts zu tun. Das ist erstaunlich angesichts der Tatsache, dass Pfarrer:innen in ihrem beruflichen Handeln in außerordentlichem Maß auf einer Schwelle agieren, die man als Schwelle zwischen Immanenz und Transzendenz bezeichnen kann. Anders gesagt: Als Geistliche rechnen Pfarrer:innen mit dem Wirken des Heiligen Geistes. Sie inszenieren diese Schwelle in ihrem beruflichen Tun nicht nur in Gottesdiensten oder in der Gestaltung von Räumen. Eine wesentliche Aufgabe des Pfarrberufs besteht darin, Menschen in ihrer diffusen Suche nach Religiosität Begegnung und Erfahrung mit christlichen Ausdrucksformen des Glaubens zu ermöglichen. Dies geschieht durch Formen christlicher Glaubenspraxis – Gebete, Lieder, durch die Feier von Taufe und Abendmahl, auch im gemeinsamen Schweigen oder im Beten für einen Menschen. Die geistliche Dimension des Pfarrberufs geht aber durchaus auch über diese beruflich praktizierten Formen christlicher Glaubenspraxis hinaus.

Insofern der Pfarrberuf wesentlich mit der Person des Pfarrers:der Pfarrerin verbunden ist, spielt der persönliche Bezug zu der als »Grund des Seins« oder »Gott« bezeichneten Transzendenz eine wichtige Rolle. Als Pfarrerin kann ich für andere glaubwürdig nur das in Szene setzen, was für mich selbst wichtig ist. Pfarrer:innen sind als öffentlich Betende selbst zuallererst Beter:innen. Wer sich selbst als empfangend und »schlechthin abhängig« fühlt (Schleiermacher) oder – vorsichtiger formuliert – diese Wirklichkeit des Glaubens für sich gelten lässt, kann als »fromm« bezeichnet werden. Frömmigkeit eignet dabei ein Moment der Unverfügbarkeit, bringt aber zugleich ein Moment der Bestimmtheit zum Ausdruck. Insoweit Glaube unverfügbar ist, stellt auch Frömmigkeit keine Eigenschaft dar, die erworben werden kann. Freilich kann sie geübt werden: Fromm sein bezeichnet eher einen Prozess, in dem christlicher Glaube um seinen Ausdruck ringt. Solche subjektiven Glaubenserfahrungen stehen im Hintergrund allen beruflichen Handelns, ohne dass der:die Pfarrer:in ihre persönlichen Erfahrungen als solche zur Darstellung brächte und damit die Rolle der eigenen Person überstrapazierte.

Diesem Bereich ihres beruflichen Handelns Aufmerksamkeit zu widmen, eingespielte und neue Formen der Praxis zu kennen, auszuprobieren und zu reflektieren und vielleicht auch mehr als bislang üblich den kollegialen Austausch zu pflegen, ist wesentlicher Bestandteil des Pfarrberufs.

Authentizität – Selbstkuratierung und Fragment: Die Forderung und der Wunsch, authentisch zu sein, ist ein typisches Phänomen der Moderne. Dies ist so prägend, dass Charles Taylor (1995) etwa für die Zeit nach dem Zweiten Weltkrieg vom »Zeitalter der Authentizität« spricht. Diese Zeit ist gesellschaftlich durch ein Primat der Ökonomie charakterisiert. Pfarrer:innen haben im Zuge einer »Bereicherungsökonomie« (Boltanski 2019) teil an einer Logik des Sammelns und der Vorstellung, man könne etwas vollständig »haben« oder sich allumfassend erschließen. Sie leiten aus der »Welt besonderer Güter«, in der vieles individuell für mich produziert zu sein verspricht, mehr und mehr das Ideal ab, in ihrer Arbeit »authentisch zu sein«: Sie möchten etwas zur Darstellung bringen, was genau ihrem eigenen Selbstverständnis entspricht. Das kann zu einer Selbstkuratierung bis -vermarktung führen, um Aufmerksamkeit für die Sache, die sie vertreten, zu gewinnen. Möglicherweise steht hier die Vorstellung im Hintergrund, durch Authentizität wäre eine Authentifizierung möglich (Vogel 2020): Wenn ich mit meiner Person nur möglichst präzise für die Botschaft einstehe, erhalten Menschen einen so direkten Zugang zum Evangelium, dass er sich geradezu als wirksam erweisen müsse. Dass der:die Pfarrer:in es »echt« meint, soll die »Echtheit« des Evangeliums verbürgen.

überfordernde Moderne

Selbstkuratierung

Authentifizierung

Die Annahme, dass »viele Menschen« das eigene Verhalten beobachten, verstärkt diesen Druck. Es entsteht der Eindruck, als Pfarrer:in müsse ich das Evangelium durch das, was ich bin und tue, kontinuierlich verifizieren. Unter diesem Originalitätsdruck droht die klassische Trennung von »persönlich« und »privat« im Pfarrberuf zu verschwimmen: Eine gefühlte Allzuständigkeit kann schlimmstenfalls dazu führen, dass ein:e Pfarrer:in gar nicht mehr weiß, wer sie:er selbst eigentlich ist. Zugleich sinkt das Authentifizierungspotenzial, wenn Menschen religiöse Angelegenheiten mehr und mehr als Privatsache einschätzen und Pfarrer:innen nicht mehr die nächstliegenden Gatekeeper für die Einsicht sind, dass jede Person in einem unmittelbaren Gottesbezug steht. Autonomie im Zugang zum Religiösen des einzelnen Menschen führt demnach zu einem Authentifizierungsverlust der Berufsreligiösen. Die Kongruenz von säkularisierter Gesellschaft und protestantischer Grundüberzeugung wirkt sich ungünstig auf das berufliche Selbstverständnis von Pfarrer:innen aus, die authentisch sein wollen. Der Personenbezug des Berufs wird so schnell zur Last: Ich muss nicht nur je und je zwischen verschiedenen Optionen wählen, sondern mir darin auch noch selbst gerecht werden, um der Sache gerecht zu werden. Zugleich erleben und deuten Pfarrer:innen sich im Horizont der christlichen Botschaft als fragmentarisch und notwendig auf andere(s) angewiesen. Nach christlichem Selbstverständnis ist das Streben nach Authentizität eine grundsätzliche Überforderung, weil es ein »wahres Selbst« der Person, das es nur zu entdecken und dann ungebrochen zur Darstellung zu bringen gelte, nicht gibt. Es übersieht den kommunikativ verfassten Charakter der »Sache« Evangelium und die Unverfügbarkeit seiner Wirkung. Und doch sind Pfarrer:innen die, die in einem breiten Strom des bereits Gesagten und inmitten einer Vielzahl von Stimmen ihre je eigene Stimme erheben, um Menschen zu sagen, dass sie in Christus »andere« sind. All dies gilt gleichzeitig.

Kongruenz schafft Vertrauen

Authentizität ist ein Zuschreibungsbegriff (Wiesinger 2019), der im sozialen Miteinander eine Rolle spielt: Niemand »ist« authentisch, Menschen werden jedoch als solches wahrgenommen. Darin kommt der Wunsch von Menschen zum Ausdruck, dass jemand übereinstimmend lebt. An Pfarrer:innen wird diese Vorstellung nun an sie als Person, aber im Blick auf ihre Berufsrolle formuliert. Viele Ordinationsvorhalte haben dies festgehalten, etwa: »Sie werden Vertrauen finden, wenn Ihr Dienst in Kirche und Gemeinde und Ihr Leben einander entsprechen« (EKKW 1975). Weil dieses »übereinstimmende Leben« als Symbol dafür steht, dass es (und sei es, wenigstens stellvertretend) möglich ist, religiös zu

sein, werden Unstimmigkeiten nicht in erster Linie als persönliche Unzulänglichkeit oder moralisches Versagen verstanden, sondern als Ver-
trauensverlust bewertet.

Den vergleichsweise wenigen, fragenden und kirchenkritischen Menschen, die heute Zugang zur christlichen Deutung ihrer religiösen Erfahrungen durch Pfarrer:innen erwarten, möchten diese möglichst präzise antworten und wirksam begegnen. Dazu erweisen sich Strategien als
tauglich, die das moderne Authentizitätsprojekt eigentümlich brechen.

Die eigene Stimme im Zeitalter der Kopie: Pfarrer:innen geht es zu Recht
nach wie vor darum, in eigener Person und mit eigener Stimme Rechenschaft über den eigenen Glauben und das Zeugnis der Kirche abzulegen.
Der ursprüngliche Sinn des »Authentischen«, nämlich das Verbürgte, als
Original Befundene, bleibt gerade im Blick auf die Kongruenz persönlich verantworteter Kommunikation biblischer Grundeinsichten virulent.
Die Frage ist, wie sich »zweite Originale« unter den gegebenen Bedingungen realistisch erarbeiten lassen. Durch die allgegenwärtige Forderung singulärer Inszenierungen steigt nämlich der Druck, auch pastoral
kreativ, singulär, spannend und kongruent mit sich selbst in Dialog zu
treten. Diese – mehr oder minder explizite – Forderung nach Einzigarti-
gem ließ alles, was mit Kopieren, Anlehnen und ähnlichen Prozessen
verbunden war, lange Zeit zu einem Tabuthema der pastoralen Beruflichkeit, auch in der Aus- und Fortbildung, werden. Nicht nur die Organisation orientiert sich an Mustern (vor allem im Blick auf Sprache, Kleidung
und Raum), um zum Ausdruck zu bringen, wie sie insgesamt verstanden
werden will (Kühl 2011, 138 f.). Auch zum Alltag nicht weniger Pfarrer:in-
nen gehört es, Konzeptionen für Schul- und Konfirmand:innenstunden,
für die Durchführung gemeindlicher Bildungsveranstaltungen und nicht
zuletzt Predigten von anderen zu übernehmen. Hier wird nicht nur die
zunehmende Arbeitsbelastung sichtbar, die abgefedert werden will. Greif-
bar wird hierin auch die postmodern allgegenwärtige Praxis individueller Kopierprozesse. Diese Kopierprozesse tragen zur Stabilität der eigenen Berufsidentität bei. Dies wird umso wichtiger, als organisationale
Kopierprozesse nicht mehr einfach übernommen werden – sei es aus
einem persönlichen Originalitätshabitus heraus oder weil sie kontextuell
nicht mehr verständlich zu machen sind. »Uncreativeness« durch Adaption von bereits Bestehendem ist nunmehr kein Sonderfall mehr, sondern
Teil des Performanzhabitus vieler Pfarrer:innen geworden. Die umfas-
sende Digitalität von Lebens- und Arbeitswelt begünstigt dies: Kopierprozesse sind gleichsam »normal« geworden, prominent etwa auch im

Margin notes:
das zweite
Original

Uncreative-
ness als Bre-
chung des
Authentizi-
tätsprojekts

Bereich der Musikproduktion. Kreativität, individuelle Umformatierung und singuläre Inszenierung sind in diesen Kopierprozessen keineswegs ausgeschlossen, sondern geradezu aufgerufen. Wer etwas »1:1« übernimmt, irritiert oft. Das deutet darauf hin, dass es eine verbreitete Sensi-

Kontext

bilität für den Einfluss des Kontextes auf das pastorale Handeln auch dann gibt, wenn nicht alles original genau dafür produziert worden ist. Es kann befreiend wirken, solche gegenwärtig noch zu wenig reflektierte Praxis auch im Blick auf pastorales Handeln präzise zu benennen und im kollegialen Austausch einen kreativen Prozess in Gang zu setzen, der die eigene Stimme im Prozess des Kopierens zu Gehör bringt. Aus- und Fortbildungseinrichtungen lehren zukünftig nicht nur die angemessene Aneignung von agendarischem Material, sondern entwickeln mit Pfarrer:innen gemeinsam geeignete Kopierroutinen. Gerade der Vergleich mit dem Umgang mit Agenden zeigt, dass gemeinsame Produktionsprozesse – möglicherweise auch synchrone Inszenierungen – zukünftig wichtiger sein werden als ein gemeinsamer Textbestand als Ausdruck einer Theologie, die man miteinander teilt. Analoges ließe sich auch für den Umgang mit Lebensordnungen feststellen. Die eigenen medialen Ausdrucksformen, etwa »die eigene Stimme«, lehnen sich immer häufiger und immer selbstverständlicher an. Das »zweite Original« entsteht in Schwarm und Netzwerk, an Knotenpunkten, die in der eigenen Theologie Resonanz wachrufen. Wo der:die je einzelne Pfarrer:in in diesen Prozessen maßstäblich und routiniert selbst theologieproduktiv wird, muss noch erkundet werden, um das postmoderne Berufsprofil näher zu verstehen.

Zur Personalität im Pfarrberuf gehört die Zugehörigkeit zu einer bestimmten Generation von Pfarrer:innen. Teil des selbstkongruenten Berufsausdrucks ist die Wahrnehmung, dass Pfarrer:innen nicht nur in einem bestimmten Lebens-, sondern auch Berufsalter in der Kirche Dienst tun. Dabei begegnen verschiedene Berufsgenerationen einander, ohne diese biografische Geschichtlichkeit der Berufsausübung zu übergehen. Derzeit arbeiten Pfarrer:innen der Geburtsjahrgänge 1954 bis 1997 in den deutschen Landeskirchen. In diesem halben Jahrhundert fanden in rasantem Tempo eine Reihe von Generationssprüngen statt. In allen Bereichen des Lebens ereigneten sich tiefgreifende Wandel. Viele Pfarrer:innen sind (berufs-)biografisch dadurch geprägt, den Kalten Krieg erlebt zu haben, konfrontiert mit der Frage des Wehr(ersatz)dienstes, mit dem NATO-Doppelbeschluss und den Ostverträgen. Die Bundesrepublik mit ihren gelegentlich »biedermeierlichen Zügen« und die Zeit der

»1968er« prägten den Habitus. Sich politisch zu verhalten, war angesichts von RAF und Aufrüstung keine Wahlmöglichkeit: Man kann nicht anders als politisch sein! In diesen geburtenstarken Jahrgängen mit einer Vielzahl von Motiven, den Pfarrberuf als einer prestigeträchtigen Tätigkeit zu wählen, prägt jedoch hauptsächlich die Erfahrung, »viele« zu sein: Wer gesehen werden will, muss sich durchsetzen. Der Fleiß, etwas aufzubauen, ist vielen wichtig.

Andere sind geprägt durch die Erfahrung der Nuklearkatastrophe von Tschernobyl und der Deutschen Einheit. Sie waren die ersten, die von Beginn an Laptops nutzten. Streiks in Universitäten kennen sie nur im Ausnahmefall. Dritte schließlich sind geprägt vom Anschlag auf das World-Trade-Center. Sie besitzen weniger gedruckte Bücher als digitale Speichermedien. Sie sprechen selbstverständlich mehrere Sprachen fließend und haben überall das Gefühl, immer »wenige« zu sein, umworben und gesucht. Familie und persönliche Netzwerke erhalten einen selten gekannten Stellenwert – auch in ihrer Wichtigkeit gegenüber der Erwerbsarbeit. Es dürfte kaum jemanden in dieser Generation geben, der:die programmatisch absehen kann und will, wie sein:ihr Leben verläuft.

Viele Pfarrer:innen sind Pensionär:innen oder werden es in absehbarer Zukunft. Ihre Rechte aus der Ordination bleiben erhalten, eine ganze Reihe von ihnen arbeitet an irgendeiner Stelle auf irgendeine Weise weiter in der Kirche mit. Manche Kirchen diskutieren, ob eine geregelte Einbindung von Pensionär:innen angestrebt werden sollte, um die kirchliche Arbeit in Zukunft weiter zu bewältigen. Dieser Vorschlag nimmt auf, dass viele Pfarrer:innen von einem lebenslangen Dienstverständnis geprägt sind und sich weniger als »Berufstätige« verstehen. In manchen Regionen gibt es eingespielte und verlässliche Zusammenarbeiten mit Ruhestandspfarrer:innen, beispielsweise mit der Evangelischen Zehntgemeinschaft Jerichow. Viel wichtiger, als den Status quo derzeitiger Arbeit so aufrechtzuerhalten, dürfte es jedoch zukünftig sein, dass pensionierte Pfarrer:innen ihr Erfahrungswissen in die Organisation einspeisen, um auf diese Weise den Wandel der Kirche mitzugestalten. Im Blick auf die Begegnung mit Berufsanfänger:innen dürfte dies vor allem im operativen Sinn hilfreich sein, darüber hinaus aber auch hinsichtlich ihrer Learnings aus den Veränderungen der Kirche seit den 1970er-Jahren, die sie selbst erlebt und gestaltet haben.

All diese geprägten Biografien gestalten derzeit gemeinsam den Pfarrberuf in den Landeskirchen mit. Die Rede von »Generationen« meint dabei keine strikt abgegrenzten Gruppen, sondern beschreibt mittelfristig

Pfarrer:innen im Ruhestand

prägende Faktoren. Die Themen, die eine Generation mitbringt, betreffen dabei immer – cum grano salis – alle. Besonders deutlich wird dies etwa beim Thema Work-Life-Balance, das seit einigen Jahren eine wichtige Rolle in innerkirchlichen Diskursen spielt: Eingebracht von jungen Pfarrer:innen (die zu Beginn ihrer Berufslaufbahn auch ein besonders hohes Burnout-Risiko haben) ist es doch ein Thema, das unabhängig vom Berufsalter viele Pfarrer:innen umtreibt. Die je jüngste Generation bringt diese (neuen) Themen jeweils vor, weil sie selbst den größten Nutzen von der Bearbeitung hat. Sie tut dies aber stellvertretend für alle. War vormals für die Zusammenarbeit in einer Kirche wichtig, »den gleichen Dialekt« zu sprechen, gewinnen zunehmend Diversität und Profil an Bedeutung. An die Stelle des sogenannten »Landeskinderprinzips« bei der Übernahme in den kirchlichen Dienst tritt zunehmend eine aktive Politik der Personalgewinnung. Dass Anpassungsprozesse an die arbeitgebende Institution weniger stattfinden, wird sehr unterschiedlich bewertet. Während eine volle, unbefristete Pfarrstelle vor gar nicht langer Zeit als ein großes Privileg erschien, steigt inzwischen die Erwartung, dass flexible Stellenmodelle vorgehalten werden. Das Stellenmodell sollte nun eher zur Lebenssituation passen, als dass sich die Lebenssituation mit einer verfügbaren Stelle, auf die hin entsandt wird, arrangiert. In diesem Kontext wird auch die Frage nach einer Umwertung des Berufsbeamtentums aufgeworfen: Was ehedem als Privileg und Sicherheit galt, wird jetzt als System mit wenig Spielräumen und sehr begrenzten Aufstiegsmöglichkeiten gesehen. Zugleich wird die damit verbundene Sicherheit auch angestrebt. Konnte Personal sich über Jahrzehnte als »Ballast« einer Institution fühlen, ist es jetzt nachgefragt, ohne dass die strukturellen Steuerungselemente dem schon hinreichend Rechenschaft trügen. Die gelegentliche »Überbetreuung« junger Pfarrer:innen am Beginn ihres Berufslebens versucht diesen Mangel auszugleichen, verschleiert aber oft auch die Herausforderungen, die im Blick auf Selbstorganisation mit dem Pfarrberuf verbunden sind. Daran wird deutlich: Die derzeit jungen Generationen im Pfarrberuf fördern mit ihren Themen die Entwicklung des pastoralen Dienstes hin zu seiner Beruflichkeit. Die Abgrenzung von Erwerbs-, Care- und Freizeit, die Sensibilität für Qualität und das Einfordern von Workflows deuten darauf hin. Dass für den Pfarrberuf derzeit die Selbstorganisation gegenüber der Organisation durch die Organisation entscheidend ist, gehört als Einsicht zur Sozialisation im Beruf. Derzeit kann man nur mutmaßen, woher Impulse kommen könnten, damit die Kirchen sich auch mit Fragen von »Arbeit 4.0« auseinandersetzen werden.

der Blick
der Jungen

Personal-
politik

All diese Themen im Kontext von Personalentwicklung bergen Potenzial für intergenerationelle Konflikte im Berufsstand. Deshalb ist die Herausforderung nun, die Themen der eigenen Generation nicht als maßstäblich für alle anzusehen, sondern die eigene Stellvertretungsfunktion für dieses Thema zu verstehen. Kränkungen, Neid und bleibende Ungerechtigkeiten können nur kommunikativ vermittelt verstanden oder gar entkräftet werden. Informelle kollegiale Treffen und Gespräche sowie formelle kollegiale Treffen auf unterschiedlichen Ebenen der kirchlichen Organisation helfen, die eigene Sicht auf die je zentralen Herausforderungen zu relativieren und zugleich auch die Kolleg:innen – und möglicherweise auch die Angehörigen anderer Berufsgruppen in der Kirche – zu verstehen. In solchen Gesprächen wird nämlich deutlich, dass jede Berufsgeneration andere Referenzpunkte für die pfarramtliche Identität und den Wandel der Kirche in sich trägt. Der Generationenhintergrund hat also in jedem Fall einen bedeutsamen Anteil daran, wie jemand es versteht, Pfarrer:in zu sein. Deshalb hat Julia Koll (2018) davon gesprochen, dass es sich beim Thema »Generationalität« um eine »neue Kategorie pastoraltheologischer Reflexion« handele.

Generationalität

3.4 Pfarrer:in sein in Person: assistierend leiten

Leiten: Zentral und wesentlich für das berufliche Proprium ist die leitende Dimension des Pfarrberufs. Sie ist allerdings unter Pfarrpersonen unbeliebt und rangiert bei der Motivation zum Pfarrberuf im unteren Bereich der Skala. Wir finden: zu Unrecht.

leitende Dimension des Pfarrberufs

Wer im Pfarrberuf auf der Schwelle agiert, braucht ein klares Rollenverständnis, aber auch eine Bereitschaft, in komplexen Systemen zu agieren und diese mit anderen zu steuern. Kybernetische Kompetenz ist in diesem Sinn zentrale Grundlage und Herausforderung des Pfarrberufs. Pfarrer:innen leiten zusammen mit Presbyterien, Kirchenvorständen oder Gemeindekirchenräten Kirchengemeinden; sie leiten Teams mit unterschiedlichen kirchlichen Berufsgruppen und moderieren das Miteinander von Haupt- und Ehrenamtlichen. Pfarrer:innen leiten kirchliche Arbeitsfelder in anderen, auch gesellschaftlichen Bereichen, etwa in der Schule, im Krankenhaus, in der Diakonie oder an anderen Orten, durchaus auch im Rahmen von Projekten. Pfarrer:innen übernehmen in den jeweiligen Systemen kirchlichen Handelns Verantwortung für das Ganze der jeweiligen kirchlichen Sozialform. Nicht selten repräsentieren sie gemeinsam

kybernetische Kompetenz

mit anderen Verantwortlichen Kirche auch öffentlich. Das bedeutet nicht, dass sie von oben nach unten Ziele vorgeben. Vielmehr geht es im Pfarrberuf darum, gemeinsam mit anderen Berufsgruppen und ehrenamtlich Mitarbeitenden oder Interessierten die jeweilige Herausforderung und Aufgabe kirchlicher Praxis zuallererst zu identifizieren. Leiten zielt darauf ab, Räume zu beschreiben und zu eröffnen, in denen Kirche gestaltet werden kann. Der Begriff »Kirche« umschließt dabei nicht nur die übliche Organisationsform der parochial strukturierten Kirchengemeinde oder die verschiedenen Formen funktionaler Pfarrämter. »Kirche« meint auch die Gemeinschaft von Menschen, die nach gegenwärtigen Lebens- und Gemeinschaftsformen suchen, in denen sie dem Christsein Ausdruck verleihen. »Leiten« bedeutet für Pfarrer:innen also, Kommunikationsprozesse so zu moderieren oder auch zu initiieren, dass Entwicklungsprozesse und Ausdrucksformen des christlichen Glaubens in Organisationen, aber auch bei einzelnen Personen gefördert werden. Wer sich bewusst auf der Schwelle bewegt und hier den Dialog sucht, möchte Offenheit nach innen und außen befördern. Die Grenzen sind dabei allerdings nicht immer eindeutig.

Diese Form des Leitens könnte man auch im Sinn einer assistierenden Tätigkeit beschreiben (Grethlein 2022, 4). Alle kirchlichen Berufe assistieren der Kommunikation des Evangeliums. Das Spezifische des Pfarrberufs ist, das Miteinander der Berufe zu moderieren und damit auch durch Leitung zu assistieren. In der Begegnung mit einzelnen Menschen in exemplarischen pastoralen Handlungssituationen assistieren sie ihnen dabei, Ausdruck für das eigene Christsein zu finden. Sie symbolisieren damit, dass die Kirche als ganze ein Assistenzsystem für die Kommunikation des Evangeliums darstellt. Dazu gehört etwa auch, dass Pfarrer:innen ihre fachwissenschaftliche Expertise einbringen.

Die leitende Tätigkeit von Pfarrer:innen schließt Selbstleitung ein. Dazu gehört, die eigenen Überzeugungen und die eigene Motivation, aber auch die eigenen Grenzen zu reflektieren und einzubringen. Damit geht die Einsicht einher, selbst assistenzbedürftig zu sein. Kommunikationsprozesse als reziprok zu verstehen und zu gestalten, ist Ausdruck und Aufgabe einer leitenden Haltung. Insofern erfordert die pastorale Leitungsaufgabe ein hohes Maß an personaler Kompetenz und Einschätzungsvermögen im Blick auf das jeweilige Gesamtsystem kirchlicher Praxis.

Pfarrer:innen leiten Prozesse der Kommunikation des Evangeliums jeweils auf der Grundlage ihrer theologischen Bildung. Insofern ist die leitende Aufgabe von Pfarrer:innen in erster Linie hermeneutisch zu ver-

Gestaltungsräume finden und beschreiben

Kirche als Assistenzsystem

Selbstleitung

reziproke Kommunikation

stehen. Das bedeutet, auf der Grundlage biblisch-christlicher Quellen Orientierung für gegenwärtiges Handeln zu suchen, aufzuzeigen und in die Kommunikationsprozesse einzubringen. Konkret wird dies etwa in gesellschaftlich sensiblen Situationen, in Großschadenslagen oder anderen kontingenten Ereignissen, bei denen Pfarrer:innen ein religiöses Wort einbringen und dadurch Orientierung ermöglichen. Dies ist eine exemplarische öffentliche Form des leitenden Handelns. Leitend meint nicht, die Deutehoheit für sich in Anspruch zu nehmen. Leitendes pastorales Handeln besteht gerade in der Wahrnehmung gegenwärtiger Pluralität und erfordert insofern »Pluralitätskompetenz« (Hermelink 2014). Leiten meint dabei durchaus, die hermeneutische Aufgabe auszufüllen und inmitten von Unbestimmtem, von diffusen Meinungen und unklaren Positionen dazu beizutragen, dass Menschen zumindest ihre Option auch im Blick auf Glauben und Religion wahrnehmen können. *{orientieren}* *{Pluralitätskompetenz}*

Von hauptamtlichen Pfarrer:innen wird genau dies zu Recht erwartet, dass sie immer wieder die Wahrnehmung auf die Basis lenken und der biblisch-theologischen Grundlage in Prozessen Aufmerksamkeit schenken. Erst dies ermöglicht es Individuen und Organisationen, Halt und Profil zu gewinnen. Dabei ist auch die konzeptionelle Kompetenz von Pfarrer:innen gefragt (vgl. Ursel 2019). Leiten bedeutet, sich immer wieder mit neuen Modellen und Konzepten zu befassen, um gegenwärtige Herausforderungen kirchlicher Praxis aus neuen Blickwinkeln zu betrachten und gegebenenfalls andere, bisher nicht gesehene Wege zur Diskussion zu stellen und zu erproben. Das heißt auch, bisherige Handlungsmuster von Zeit zu Zeit im Blick auf veränderte gesellschaftliche Lebensbedingungen gezielt zu überprüfen und an den christlichen Grunderzählungen und -überzeugungen zu messen. *{neue Blickwinkel}*

3.5 Pfarrer:in sein in der Kirche: postparochial und professionell

Postparochiales Pfarramt: Die lokale Präsenz von Pastor:innen in der Ortsgemeinde ist seit Längerem finanziell und organisatorisch unter Druck geraten. Es stehen längst nicht mehr für jede Ortsgemeinde Pfarrer:innen zur Verfügung. Die Mehrheit der Pfarrer:innen arbeitet zwar im parochialen Kontext. Nicht selten aber ist das parochiale Prinzip durch Zuständigkeit für mehrere Ortsgemeinden überdehnt, oder die Stellenzuschnitte sind von regionaler Arbeitsteilung geprägt. Finanzen und personelle Ressourcen der einzelnen Gemeinden gehen zurück. Das parochiale Prinzip – eine Pfarrperson versorgt eine Ortsgemeinde – gehört als lange funktionierende Sozialform von Kirche faktisch vielerorts der Vergangenheit an.

Hinzu kommt: Viele Zeitgenossen, ja die Mehrheit der Kirchenmitglieder und mobilen Menschen können wenig mit der Organisationsform einer »Gemeinde« anfangen und werden von deren Angeboten nicht mehr angesprochen. Die Ortsgemeinde stellt zwar nach wie vor einen wichtigen Teil im zivilgesellschaftlichen Institutionengeflecht dar, bildet aber nicht mehr das unhinterfragte normative Modell kirchlicher Präsenz.

Reformen auf verschiedenen Ebenen setzen lokal an, orientieren sich aber an überregionalen Zusammenhängen, etwa in Erprobungs- oder Gestaltungsräumen.

Regiolokale Reformprozesse wie im Kirchenkreis Wittstock-Ruppin haben die Vereinzelung der Gemeinden durch eine Kooperation mehrerer Gemeinde ersetzt. Pfarrer:innen arbeiten in aufgabenorientierten Diensten auf Kirchenkreisebene. Ortsgemeindekirchenräte kümmern sich um Belange vor Ort, der Gesamtkirchengemeinderat entlastet die einzelnen Gemeinden in Rechtsgeschäften und führt einen gemeinsamen Haushalt. Dadurch werden größere Vorhaben in einzelnen Dörfern überhaupt erst möglich. Pfarrer:innen konzentrieren sich auf inhaltliche und seelsorgerliche Arbeit und arbeiten eng mit Ehrenamtlichen zusammen.

Uta Pohl-Patalong (2006, 146) hat in diesem Zusammenhang den Vorschlag gemacht, besondere »kirchliche Orte« zu bilden, deren einer Bereich von Ehrenamtlichen geleitet wird und sich der Beheimatung von daran interessierten Menschen in vereinsähnlichen Strukturen widmet. Der andere Bereich wird von Pfarrer:innen geleitet und widmet sich besonderen Arbeitsbereichen wie Bildung, Diakonie, Seelsorge, gesellschaftspolitischen Aufgaben und zielgruppenorientierter Arbeit (Kinder und Jugendliche, junge Erwachsene, Singles, Männer, Senior:innen usw.).

christliche Praxis neu vor Ort

Die Einsicht in solche Veränderungsprozesse kirchlicher Landschaft und pfarramtlicher Präsenz geht mit Konflikten und Verlustängsten einher. Nicht nur Gemeinden, auch Pfarrer:innen sehen diese Entwicklung weg von der Monopolstellung der Parochie mit Skepsis: Die für den Pfarrberuf wesentliche Beziehungsarbeit gehe verloren, Beheimatung werde erschwert, Verlässlichkeit und Ansprechbarkeit vor Ort würden nicht mehr gewährleistet. Pfarrer:innen haben durchaus auch selbst, vor allem dann, wenn sie minderjährige Kinder haben, Anteil an der Beheimatung in der Gemeinde und sind mit ihrer Gemeinde häufig hoch identifiziert.

Die Rede vom »Postparochialen«, die wir vorschlagen, erkennt an, dass Vertrautheit, (räumliche) Nähe, Vergemeinschaftung und Übersichtlichkeit wichtige Faktoren christlicher sozialer Praxis sind.

Sie weist aber auch darauf hin, dass die Zwischenzeit, in der wir uns derzeit befinden, der Ort ist, an dem neue Formen christlicher Präsenz und Kommunikation entwickelt werden müssen, die dem nicht einheitlichen Bindungsverhalten von Menschen heute entsprechen und gleichzeitig der kirchlichen Situation gerecht werden, dass eine flächendeckende »Versorgung« bereits jetzt nicht mehr vorgehalten werden kann. Es geht nicht um die Abschaffung gut funktionierender Parochien, sondern um eine zukunftsorientierte Vision, wie der sich de facto vollziehende Strukturwandel mit seinen notwendigen Abbauprozessen aktiv gestaltet werden kann. Mehr und mehr wird es darum gehen, Kirche als einen Ort zu gestalten, an dem Menschen Singulär-plural-Sein entwickeln und erleben: Jede:r bleibt einzigartig, auch mit ihrem:seinem Teilhabeverhalten und ihrem:seinem Lebensstil, und zugleich wissen sie sich verbunden durch die Gnade Gottes, die in ihnen Raum hat.

> Singulär-plural-Sein

Bereits jetzt experimentieren Pfarrer:innen an unterschiedlichen Orten mit postparochialen Formen von Kirche. Die pandemische Lage hat einerseits eindrücklich vor Augen geführt, wie die Bindungs- und Anerkennungslogiken der Parochie funktionieren, andererseits aber auch verdeutlicht, welche Möglichkeiten von wirksamer religiöser Kommunikation es jenseits des Parochialen gibt. Ein hohes gegenseitiges Commitment zwischen Pfarrer:innen und »der Kirche« (sowohl »der Sache« der Kirche als auch der Organisation, vertreten durch die Kirchenleitung), eine ausgeprägte Sensibilität für den Sozialraum sowie auch der persönliche Mut zu einer ganz eigenen, auch »vermarktbaren« Gestaltung der Berufsrolle führen zu neuen, derzeit noch experimentellen Deutungen des Pfarrdienstes in der Parochie. So kann etwa die sozialräumlich interpretierte Parochie als »Bude, in der wir jetzt aufräumen« gelesen werden, und die Kirche als »Klub«, in dem Pfarrer:innen »trotz allem« bleiben (Schlicht/Bode 2021). In diesem Konzept verkörpern Pfarrer:innen die Veränderung, die sie sich selbst für ihre Kirche wünschen. Mit ihrem Mut, als Early Adopter voranzugehen, wollen sie andere inspirieren und beteiligen. Diese Haltung muss nicht notwendig inszenatorisch akzentuiert sein. Hier wie an vielen Orten lässt sich ahnen: Pfarrer:innen werden zukünftig in ent-werkter Weise für eine ent-werkte Gestalt der Kirche stehen (in seinen philosophischen Zusammenhang eingeordnet findet sich ein Teil dieser Gedanken bei Sagert 2021, 115–119, bes. 118 f.).

Pfarrer:innen spielen in dem Prozess des Wandels eine zentrale Rolle. Sie denken – auch als Inhaber:in einer parochialen Pfarrstelle – über die Parochie hinaus. Pfarrteams entwickeln Formen überparochialer, gabenorientierter Aufgabenverteilung. Im multiprofessionellen »Modell der Dienstgruppen« beispielsweise werden parochiale und überparochiale Arbeit miteinander kombiniert.

Pfarrer:innen suchen nach Strategien, Gemeinden auf den Prozess des Wandels vorzubereiten, sie fördern die Selbstständigkeit und Verantwortung von Ehrenamtlichen und ermutigen »Ankerpersonen« (Hofmann 2020, 22) im Sinne personaler Marker, das ehrenamtliche Gesicht der Kirche zu werden.

Diese Entwicklung setzt nicht nur Abschiedsprozesse, sondern auch neue Energien aus sich heraus und erweitert die Formen kirchlicher Präsenz genauso wie die Arbeitsmöglichkeiten von Pastor:innen im »postparochialen Pfarramt«. In übergemeindlichen Kooperationen ist gabenorientierte pastorale Arbeit leichter möglich als im heillos überdehnten parochialen System.

Professionalität im Pfarrberuf: Im Zug dieser Prozesse postparochialer und regio-lokaler Kirchenentwicklung entwickelt sich auch das Profil pfarramtlicher Tätigkeit weiter. Auf der Schwelle zwischen Ortsgemeinde und regionaler Zusammenarbeit, auf der Schwelle zwischen üblichen Strukturen und einem weiter und offener gewordenen Feld kirchlicher Präsenz haben Pfarrer:innen eine zentrale Aufgabe: Sie suchen den Dialog, moderieren Konflikte, denken über das bisher Übliche hinaus und entwickeln mit anderen Verantwortlichen neue Modelle. Das erfordert ein hohes Maß an Kommunikationsfähigkeit nach innen und nach außen, aber auch das Interesse, konzeptionell zu denken und kollegial zu kooperieren.

Je unübersichtlicher sich gesellschaftliche und kirchliche Transformationsprozesse gestalten, umso höher ist das geforderte Maß an Professionalität im Pfarrberuf. Der Pfarrberuf ist in unübersichtlichen gesellschaftlichen Situationen umso mehr gefordert, sich als Professionsberuf einzubringen, wenn auch in veränderter Gestalt: Pfarrer:innen benötigen ein gehöriges Maß an exzentrischer Haltung und Energie, um von sich aus etwa auf Menschen zuzugehen, die nicht schon dazugehören, und ihnen niedrigschwellig Zugang zum Funktionssystem Religion zu ermöglichen. Landeskirchliche Transformationsprozesse berücksichtigen zum Teil bereits jetzt solche motivationalen strategischen Zielvorgaben.

Berufsreligiöse brauchen ein hohes Maß an theologischer Kompetenz, um Ansatzpunkte für religiöse Kommunikation überhaupt erst zu identifizieren und die Kommunikation über Glaube und Gott auf Augenhöhe mit den Gesprächspartner:innen und in je verständlicher Sprache zu führen.

All dies ist mehr denn je mit Vertrauen in Pfarrpersonen als Gesichtern der Kirche verbunden. Pfarrer:innen agieren heutzutage in einem unübersichtlichen Feld, ihre Professionalität ist besonders gefordert. Hermeneutische Kompetenzen werden wichtiger als materiale. In diffusen Lagen gilt es, Spannungsfelder aufzuzeigen und theologisch Orientierung anzubieten. Dies geschieht allein durch das Wort, indem Pfarrer:innen theologische Kriterien in Entscheidungssituationen einspielen. Mit dieser Rolle gehören sie zentral zur Kirche. Oft konfligiert dies mit einem im 20. Jahrhundert kultivierten Bedürfnis einer Zugehörigkeit, die sich darin ausdrückt, man wolle »nah am Menschen« sein.

3.6 Pfarrer:in sein in der Kirche: erprobend und experimental

Experimentale Kirche: Kirchlicher und gesellschaftlicher Veränderungsdruck berühren in hohem Maß den Pfarrberuf im Ganzen. Die Bereitschaft, an Veränderungen mitzuwirken, ist hingegen unterschiedlich ausgeprägt. Bereits Studierende der Theologie bejahen aber, dass Innovation zu den wesentlichen Aufgaben des Pfarrberufs gehört und erwarten von der Kirche, dass sie auf eine generationensensible und offene Kirche hinarbeitet (Maximilian Baden).

Dabei kommt es nicht auf irgendeine Innovation in unbestimmte Richtung an. Wo Bewährtes und Tradiertes infrage gestellt wird, beginnt das Feld des Experimentierens. Experimente gab es schon in der Antike, seinen Aufschwung hat das Experimentieren aber in der Neuzeit im Bereich der Natur- und Ingenieurswissenschaften erlebt. Im naturwissenschaftlichen Bereich lebt es von der Abfolge von Hypothese-Experiment-Falsifikation oder Verifikation. Diese Logik lässt sich nicht direkt auf kirchliche und pastorale Prozesse übertragen. Neben den Experimentbegriff der sog. exakten Wissenschaften sind in den letzten Jahren Experimentaltheorien entwickelt worden, die sich auf die forschende Haltung in den Künsten beziehen (etwa bei Stephan Porombka) und sich inspirierend auf die Berufstheorie auswirken können. Eine weitere hilfreiche Richtung weisen

»(fremd-)sprachliche Alternativen zum »Experimentieren«: (Er-)Proben
und Versuchen (frz.: essayer, engl.: to try) schreiben dem Experimentieren »eine Komponente des risikobereiten Wagnisses [...] ein, die dessen
wissenschaftlich normierte Regelhaftigkeit stets zu sprengen bereit ist«
(Berg 2019, 88), und ein Moment des Sich-selbst-ins-Spiel-Bringens. Interessant ist, dass das lateinische *experiri* – sprachlich ein Deponens – eine
Passivform mit aktiver Bedeutung ist. Jedem Experimentieren wohnt also
ein passives, empfangendes und unverfügbares Moment inne. »Es drängt
sich geradezu auf, dieser sprachlichen Konstellation eine theologische
Deutung abzugewinnen. Nicht die Vorstellung, die Zukunft sei mach-
bar, soll durch Experimente gestärkt werden, sondern eine Haltung der
Offenheit für Zukünftiges, der Veränderungsbereitschaft, des Nicht-Be-
harrens« (Schröder 2021). Diese Offenheit gilt auch für die eigene Haltung
gegenüber Theorien, die Vokabulare bereitstellen, um sich produktive Zugänge zur Welt zu erschließen (Reckwitz in: ders./Rosa 2021, 144–150).

Das Experimentieren stellt einen komplexen Vorgang dar, vor allem auch
in organisationalen Zusammenhängen. Es bedarf – und darauf verweisen
die Einsichten im *Change Management* – einer vorgängigen Analyse des
Problems, einer Idee zukünftiger Ziele und einer sorgfältigen Planung
des Handlungsformats und seiner nachhaltigen Verstetigung, auch unter
wirtschaftlichen Gesichtspunkten.

Zentrale Aufgabe von Pastor:innen ist es, sensibel Veränderungsprozesse wahrzunehmen, theologische Kriterien für die Gestaltung von
Kirche im Kontext von Veränderungsprozessen ins Spiel zu bringen und
sich an der komplexen Kommunikation über solche Prozesse vor Ort und
überregional zu beteiligen. Pfarrer:innen gehen voran und machen Mut,
dass das Mögliche wirklich wird.

Dazu entwickeln sich derzeit unterschiedliche Modelle, die Zuordnung
des Pfarrberufs zur Organisation zu denken. Hierarchisch orientierte
Modelle stoßen nämlich angesichts der Vielfalt der Wirklichkeiten immer
öfter an Grenzen. Das Wissen um holakratische und agile Modelle als
Alternativen in Form von dezentraler Organisationsentwicklung mit
hoher Beteiligungsstruktur und transparenter Rollensystematik muss an
manchen Orten erst noch in die Organisation eingespeist werden.
Andernorts gibt es milieuspezifische Vorbehalte. Dies sind Barrieren, die
abgebaut werden sollten, um vorbehaltlos prüfen zu können, ob solche
Modelle hoher Partizipation und flacher Hierarchien geeignet sind, um
den Wandel der kirchlichen Organisation angemessen zu befördern. An-

gemessen heißt, dass die Kommunikation des Evangeliums nach bestem Wissen gefördert und unterstützt wird. Die Zuverlässigkeiten der Institution nutzend, verstehen sich hingegen immer mehr Pfarrer:innen als Intrapreneur:innen ihrer eigenen Berufstätigkeit: Sie arbeiten im Kontext einer Organisation, die verlässliche Rahmenbedingungen garantieren soll, verstehen sich selbst aber eher als Selbstständige innerhalb der Kirche. Das führt zu großen Möglichkeitsräumen für eine experimentierende Grundhaltung, zugleich aber auch zu weitgehenden Steuerungsverlusten seitens der Organisation. Steuerung wird zunehmend in die Berufsperson internalisiert und kann als Motivation, aber auch als Last empfunden werden.

Intrapreneur-ship

4 Impulse

4.1 Gesellschaftlich

Denken Sie von Themen her, die in der Luft liegen. Sollten Sie als Pfarrer:in etwas zum Klimawandel sagen und, wenn ja, was? Und wie gelingt das so, dass die Leute Sie verstehen? Denken Sie eher an die, die an der Supermarktkasse vor Ihnen stehen als an die, die sonntags (noch) in Ihre Kirche kommen. Denken Sie mal einen Tag in einer Weise, die Ihnen ganz fremd ist, etwa wie die Philosophin Donna Haraway (zum Beispiel in: Haraway 2018).

Ist »Gesundheit« das Wichtigste? Was sagen Sie »als Pfarrer:in«?

Die Bauhaus-Bewegung hatte es sich zum Programm gemacht, Alltagsgegenstände ästhetisch umzuformen. Nehmen Sie sich vor, einen Gegenstand aus ihrer pastoralen Praxis ästhetisch umzuformen: Rosen statt Broschüren, Luftballons statt Kerzen.

Fallen Sie nicht darauf herein, dass man Komplexität reduzieren könnte. Man kann sie nur gestalten. Und das ist anstrengend. Nicht nur für Sie.

4.2 Personspezifisch

Vernetzen Sie sich! Entnetzen Sie sich!

Widmen Sie mindestens 10 % Ihrer Arbeitszeit einem Experiment.

Lesen Sie gelegentlich ein gutes Buch im Dienst. Tun Sie es wirklich.

Lesen!

Wo ist Ihr Beruf Ereignis, wo hat er Struktur?

Sie sind wichtig. Aber nicht unabkömmlich.

Tragen Sie sich regelmäßig (!) die Frage in den Kalender ein: »Was brauche ich, um diesen Beruf gut auszuüben?«

Wem klagen Sie Ihr Leid?

4.3 Kirchlich

Arbeiten Sie mit an den Strukturveränderungen Ihrer Kirche!

Fragen Sie sich, was Christ:innen hilft, auch ohne hauptamtliches Personal gut gemeinsam unterwegs zu sein. Besprechen Sie das so offen wie möglich. Beobachten Sie sich selbst dabei: Welche Aufgabe haben Sie? Hat sich etwas verändert?

Denken Sie von Fall zu Fall einmal ein ganz fremdes pastoraltheologisches oder kirchentheoretisches Modell durch.

Wann haben Sie das letzte Mal einen Gordischen Knoten zerschlagen?

Welches biblische Bild für den Pfarrberuf steht Ihnen am besten?

Ritualisieren Sie Kollegialität. Sagen Sie deutlich, was Ihnen hilft. Manche Dinge ergeben sich nicht von selbst.

5 Besondere Herausforderungen von struktureller Bedeutung

Wir verstehen den Pfarrberuf im Kontext einer plural verfassten Gesellschaft als in sich vielgestaltig. Man kann ihn nicht auf einen Nenner bringen. Uns ist wichtig festzuhalten: Unter den Bedingungen einer säkularisierten Gesellschaft kann es keine »besonderen Fälle« geben, weil jedes Phänomen unabhängig von normativen (Schein-)Normalitäten betrachtet wird. Gleichwohl gibt es aber Sachlagen, die in besonderer Weise auf Herausforderungen antworten, damit verändernd auf die Strukturen der Kirche einwirken und neue Fragestellungen aufwerfen. Diese Herausforderungen lassen sich der in diesem Buch sonst üblichen Dreiteilung in personspezifische, gesellschaftliche und kirchliche Perspektiven nicht eindeutig zuordnen. Vielmehr betrachten wir einige der Themen dieses Bandes an dieser Stelle unter der Perspektive, dass sie strukturelle Anpassungen der Organisation Kirche und damit auch des Pfarrberufs nahelegen. In jedem Fall sind es aber die Personen der Pfarrer:innen, die diese strukturellen Herausforderungen bewältigen.

5.1 »Quereinstieg« in den Pfarrberuf

Die hohe Zahl an Theologiestudierenden in den 1980er-Jahren hat die Möglichkeiten, jenseits eines grundständigen Studiums der Evangelischen Theologie mit Kirchlichen Examina für die Ausbildung zum Pfarrberuf, das Vikariat, zugelassen zu werden, in den Hintergrund treten lassen. Bis dahin gab es in Westdeutschland eine Reihe von Möglichkeiten, vor allem für Angehörige anderer kirchlicher Berufe, in den Pfarrberuf zu kommen. In Ostdeutschland waren es sogar fast 20 % der Pfarrschaft, die auf einem seminaristischen Wege in den Beruf kamen. 2007 wurde in Marburg der erste berufsbegleitende Masterstudiengang für Theologie eingerichtet; bis dato fünf weitere Fakultäten folgten. Nicht alle entwickelten ein spezifisches Lehrangebot für diese Studierendengruppe. Diese Entwicklung nimmt nicht nur auf, dass es anhaltend weniger Studierende

Master of
Theological
Studies

der Evangelischen Theologie für den Pfarrberuf gibt, als die Kirchen gern in den Dienst nehmen möchten. Sie trägt auch dem Umstand Rechnung, dass immer mehr Menschen eine sogenannte Second Career in ihrer Berufslaufbahn anstreben: Es ist keine Selbstverständlichkeit mehr, in einem einmal erlernten Beruf lebenslang tätig zu sein. Auch einige Exklusionsmarker eines grundständigen Theologiestudiums (vor allem die vergleichsweise lange Ausbildungszeit) könnten durch die Einführung eines Masterstudiengangs wenigstens relativiert werden. In einer vielfältigen Gesellschaft können so Pfarrer:innen mit einem vielfältigeren Hintergrund tätig sein: Sie bringen Erfahrungen aus anderen akademischen Berufen und aus anderen Ausbildungen mit. 2018 wurde eine Rahmenordnung für den Studiengang »Master of Theological Studies« verabschiedet. Einige Landeskirchen erkennen zwischenzeitlich auch Fakultätsexamina für den Einstieg ins Vikariat an oder finden individuelle Zugangswege, etwa in der Nachqualifizierung von Religionslehrkräften, um ihnen den Einstieg ins Vikariat zu ebnen. Vereinzelt ist es möglich, mit mindestens zehnjähriger Erfahrung in einem anderen kirchlichen Beruf einen Masterstudiengang mit dem Vikariat zu kombinieren (»Nachqualifizierungsvikariat«).

Der Begriff »Quereinstieg« deutet darauf hin, dass das grundständige Studium derzeit als »Normalfall« angesehen wird. Jedoch auch diese Absolvent:innen bringen zunehmend eine zweite, weitere Qualifikation oder eine spezifische Berufserfahrung mit.

Strukturell stellen sich Kirchen damit auf eine Lehr-Lern-Organisation ein, die im Regelfall (!) individuell und flexibel ist. In Ausbildungsstätten für den Pfarrberuf gehört es schon zum Alltagsgeschäft, individuelle Lernarrangements zu organisieren und durchzuführen. Dabei geht es oft darum, komplexe hermeneutische Bildungsprozesse anzubahnen; Inkulturierungsmaßnahmen sind seitens der Ausbildungsstätten weniger im Blick. Diese Arrangements kosten Ressourcen, die bislang selten hinreichend abgebildet sind. Die Frage, was mit der Akademisierung des Pfarrberufs eigentlich genau gemeint ist, ist zwar überwiegend nicht strittig, muss aber häufig beantwortet werden. Die Personalentwicklung der Landeskirchen hat hier wie auch in anderen Fällen – beispielsweise bei Rückkehrer:innen aus Auslandspfarrämtern – oft nicht regelhaft im Blick, wie die anderen, fachfremden Kompetenzen von Pfarrer:innen für den kirchlichen Dienst genutzt werden könnten. Standardisierte Anpassung und »one size fits all« spielen häufig noch eine große Rolle. Es ist damit zu rechnen, dass die Ausbildungskohorten heterogener werden, was sich

Pfarrberuf als Second Career

individuelle Zugänge zum Pfarrberuf

Ausbildung: Flexibilität als Regelfall

fachfremde Kompetenz als Ressource

seminaristi-
sche Ausbil-
dung

allein schon in der Altersspanne in Vikariatskursen von Mitte 20 bis Mitte 50 zeigt. Hier bekommt die Frage, welche Bedeutung der seminaristische Ausbildungsanteil eigentlich hat, eine besondere Zuspitzung. Wir leben in Zeiten, in denen Menschen den Pfarrberuf anstreben, die einem erwarteten Habitus entweder besonders fernstehen oder ihn bewusst (über-)inszenieren. Dazwischen findet sich ein disparates Bündel von Erwartungen und Inszenierungen des Pfarrberufs. Die Kirchen nehmen zunehmend wahr, dass diese Diversifizierung und Flexibilisierung einen Reichtum für die Zusammensetzung der Pfarrschaft bedeutet.

5.2 Wechsel einer Pfarrstelle

Wechsel:
Wer ent-
scheidet?

Der Umgang mit Pfarrstellenwechseln wird in den Gliedkirchen der EKD derzeit unterschiedlich gehandhabt. Während manche Landeskirchen nach zehn Jahren turnusmäßig den Verbleib auf einer Pfarrstelle überprüfen, werden in der Mehrzahl der Landeskirchen Gemeindepfarrstellen (zumindest nach dem Probedienst) auf Lebenszeit übertragen. Turnusmäßige Wechsel konfligieren häufig mit den privaten Lebensentwürfen des Pfarrers:der Pfarrerin oder ihrer Partner:innen und Familien. In einer Kultur der eher zeitnahen Resonanz und Rückkoppelung ruft die formalisierte Bewertungssituation durch den Besuch einer kirchenleitenden Person in der Gemeinde vielfach Ängste wach. An vielen Orten gilt es als Ausweis besonders guter Arbeit, sehr lange eine Pfarrstelle zu bekleiden. Mit jedem Wechsel droht Gemeinden derzeit auch die Überprüfung und Anpassung der Bemessungszahl. Demgegenüber sind funktionale Pfarrstellen oft grundsätzlich befristet. Diese Stellen sollen möglichst immer wieder einmal jemand Neuem zur Verfügung stehen und nicht über lange Zeit »blockiert« sein. Eine Spezialisierung erfolgt in der Regel auf Zeit. Das ist kostenintensiv – vor allem dann, wenn die Spezialisierung in der weiteren Verwendung kaum mehr eine Rolle spielt. Regelrechte Personalentwicklungsstrategien fehlen in diesen Fällen oft.

Personal-
entwicklung

Um einen Wechsel eines Pfarramts überhaupt zu ermöglichen, ist eine gewisse Anzahl von Vakanzen grundsätzlich notwendig. Der hohe Stellenwert von privaten Bindungen lässt eine Vielzahl von Faktoren wichtig werden, die bei einer Entscheidung für einen Stellenwechsel für den:die Pfarrer:in eine Rolle spielen. Diese Faktoren liegen oft außerhalb dessen,

außerberuf-
liche Faktoren

was der Dienstgeber beeinflussen kann. Strukturell ist zu erwarten, dass die Flexibilisierung und Profilierung von Pfarrberuflichkeit dazu führen wird, dass in Zukunft nicht mehr jede Pfarrperson jede Pfarrstelle gut wird ausfüllen können, auch wenn dies theoretisch wünschenswert wäre. Landeskirchen werden in die Situation kommen, dass Absolvent:innen in noch größerem Maße werden wählen können, an welchem Ort sie Dienst tun. Sollen besondere Anreize geschaffen werden, damit Pfarrer:innen ihre Stelle wechseln, zumal in unterversorgte Arbeitsbereiche? Wie verhalten sich Flexibilitätserwartungen der Pfarrer:innen zur relativen Planungssicherheit der Pfarrstellenbemessungen? Welche Modelle für Kirche gibt es für die Gegenden, die für Absolvent:innen im Regelfall so unattraktiv sind, dass hier schon jetzt oder in naher Zukunft kaum jemand mehr den Pfarrberuf ausüben will oder wird?

Flexibilität und Planungssicherheit

5.3 Interprofessionelle Teams

Die Zusammenarbeit unterschiedlicher Berufsgruppen in der Kirche ist gegenwärtig in vieler Munde. Was hingegen die Umsetzung angeht, sind große Ungleichzeitigkeiten innerhalb der Landeskirchen zu beobachten: In einigen Landeskirchen wie etwa in Baden ist die Zusammenarbeit in kirchlichen Dienstgruppen seit Jahrzehnten in manchen Gegenden ganz selbstverständlich. Andere Landeskirchen schaffen Räume, um die Möglichkeiten von Zusammenarbeit zu erkunden. So gibt es in derzeit fünf Landeskirchen Erprobungsmodelle. An vielen Orten arbeiten gemeindepädagogische, kirchenmusikalische, diakonische und pfarramtliche Mitarbeitende zusammen, ohne dass landeskirchliche Strukturvorgaben ausschlaggebend waren, dies einzurichten. Oft ergibt sich eine Arbeitsteilung gabenorientiert oder zielgruppenspezifisch. An anderen Orten geht es bei interprofessioneller Zusammenarbeit auch schlicht darum, den (absehbaren) Mangel an Pfarrer:innen durch andere kirchlich Mitarbeitende »irgendwie aufzufangen«. In den letzten Jahren ist der Professionalisierungsgrad anderer kirchlicher Berufe gestiegen. In der gleichen Zeit hat der Pfarrberuf an Prestige verloren. Interprofessionalität gilt etwa in der Medizin derzeit als Standard. Sie besteht darin, dass verschiedene Berufe an einem Ziel arbeiten, nämlich der Genesung des Patienten:der Patientin. In Analogie dazu muss bei der Einrichtung interprofessioneller Teams in der Kirche zuallererst darüber eine Verständigung erzielt werden, was eigentlich das gemeinsame Ziel der Zusammenarbeit ist. Das setzt Entscheidungen für ein geteiltes Verständnis einer Aufgabe und damit eine Profilierung voraus. Allein der Umstand, gemeinsam in

Ungleichzeitigkeiten

Erprobungsmodelle

gemeinsames Ziel

einer Region zu arbeiten, setzt noch kein konzeptionell begründetes Zusammenwirken frei. Die Erfahrungen interprofessioneller Teams zeigen: Die jeweiligen Berufsbilder profilieren sich überhaupt erst im Prozess. Damit verändert sich auch das Bild des Pfarrberufs. Welchen Einfluss haben dabei kirchenleitende Impulse? Was löst die stärksten Anreize aus? Bereits jetzt hat die Programmatik von Interprofessionalität in den Landeskirchen zu verstärkten Kooperationen in einer Reihe von Ausbildungseinrichtungen geführt (beispielsweise zwischen dem Evangelischen Studienseminar Hofgeismar und der Akademie für soziale Berufe Hephata/Evangelische Hochschule Darmstadt). Young Professionals tauschen sich hier miteinander über ihre Berufseinstiegsmotivationen und -situationen aus und erarbeiten zusammen Inhalte gemeinsamer Performanzbereiche. Darin erkunden sie, was die Schnittmengen der jeweiligen Berufsbilder, aber auch die je spezifischen Aufgaben sind. Es ist zu

Aushandlungs- erwarten, dass diese Verständigungsprozesse klärend für die weitere Zu-
prozesse sammenarbeit als Vertreter:innen verschiedener Beruflichkeiten wirken. Perspektivisch wird dies auch Auswirkungen haben auf die Besetzung von Gremien und berufsstandsbezogenen Zusammenschlüssen wie etwa Pfarrkonferenzen.

5.4 Kirchliche Orte

Seit gut 15 Jahren wird der Impuls »Kirchlicher Orte« bearbeitet, den Uta Pohl-Patalong (2005; zuletzt: 2021, 145 ff.) in ihrer Habilitationsschrift
»best of both entwickelt hat. Ziel ist es, die Stärken von Ortsgemeinde und funktiona-
worlds« lem Dienst zu verbinden, indem ein inhaltlich profilierter Bereich kirchlicher Arbeit mit einem eher vergemeinschaftenden Bereich an einem Ort kombiniert wird. Dem Zug zur »Parochialisierung« dieses Modells soll durch entsprechende finanzielle Steuerungsinstrumente entgegengewirkt werden. Das Modell leuchtet umso mehr ein, als bereits jetzt an vielen Orten das »System Parochie« durch die Zuordnung vieler Orte zu einem Pfarramt überdehnt wird; das klassische Unikat (»eine Pfarr-
Unikat als person – eine Gemeinde«) wird mehr und mehr zum Sonderfall. Für
Sonderfall manche:n Pfarrer:in bedeutet dies auch den Abschied von einem übersichtlichen Verantwortungsbereich, innerhalb dessen er:sie eine Monopolsituation genießt – mit allen Vorteilen, Nachteilen und Gefahren, die eine Alleinstellungsposition mit sich bringt. Oft hat diese Einkapselung gegenüber einer komplexen »Außenwelt« nach innen hin gute Arbeit er-

möglicht, Exklusionen aber auch verstärkt – bis hin zur Vorstellung, es handele sich um die Par-excellence-Form einer Arbeit »nah an den Menschen« im Gegenüber zu anderen Formen von Kirchlichkeit und vor allem auch Kirchenleitung.

Das Konzept der »kirchlichen Orte« setzt nun eine Reihe von Fragen frei: Was ist noch Parochie, wenn die Performanzen spezialisiert und aufgeteilt werden – sind etwa Kasualien parochial oder spezial? Wenn man auf das Konkrete blickt, wird schnell strittig, was eigentlich »klassisch vergesellschaftend« ist und was nicht.

Hat dieser Impuls auch keine eigene kirchliche Form aus sich herausgesetzt, so hat er gleichwohl die Differenzierung belebt: Im Kirchenkreis Wittstock-Ruppin im Brandenburgischen etwa werden programmatisch parochiale mit funktionalen Stellenanteilen kombiniert (Menzel 2019). Pfarrer:innen im Kirchenkreis Lüchow-Dannenberg (Landeskirche Hannovers) sind ausnahmslos dem Kirchenkreis zugeordnet und keinen einzelnen Parochien. Landeskirchen, die die regelhafte Zuordnung von Pfarrer:innen zu Parochien in ihrer Verfassung flexibilisiert haben, haben ein größeres Spektrum an Möglichkeiten, Zuordnungen zu denken. So gibt es etwa Zuordnungen zu speziellen Dienstaufträgen. So hat der Kirchenbezirk Reutlingen in 2021 eine Pfarrerin mit der Arbeit für ein »respektvolles Miteinander von Mensch und Tier« eingesetzt, die mittels Pilgerwanderungen mit Lamas oder Gottesdiensten auf der Lama-Weide Menschen erreicht. Hier findet sich eine pastoraltheologische Anregung der Zürcher Theologin Sabrina Müller wieder, dass Pfarrer:innen auch die Möglichkeit haben, ein eigenes Hobby professionsbezogen zu nutzen (vgl. zum Konzept: Müller 2019). »Kirchliche Orte« haben einen Impuls pastoraltheologisch eingeordnet, der angesichts der differenzierten Gesellschaft weitergeht. Strukturell wird es darum gehen, Orte hoher Verbindlichkeit zu stärken, weil Menschen in Form von Neo-Tribes übersichtliche und erreichbare Orte suchen. Diese Orte werden aber eine regionale Perspektive haben. Analog zur Umnutzung bestehender Kirchgebäude ist damit zu rechnen, dass auch Parochien »umgenutzt« werden. Dabei werden vielfältige Aushandlungsprozesse notwendig sein, die ihrerseits bereits kirchliche Kommunikation darstellen. Dass allerdings landeskirchliche Leitbilder konsequent strukturell personalplanerisch umgesetzt werden, dabei den Dual von parochial und funktional insgesamt überwinden und den volkskirchlichen Anspruch nicht aufgeben, scheint derzeit kirchenleitend noch nicht denkbar zu sein. Pfarrer:innen werden mit ihrer theologischen Leitungskompetenz in diesen Prozessen

Änderung der Kirchenverfassung

Neo-Tribalismus

hybride Umnutzung von Parochien

wichtige Moderationsfunktionen einnehmen (müssen). Es entstehen Hybridnutzungen ehemals parochialer Orte, deren Zusammenspiel vielfältig diffus bleibt.

Das Präfix »post« gibt per se nicht an, wie das Vergangene und das, was jetzt der Fall ist, aufeinander bezogen sind. Insbesondere beschreibt es eine völlig wertfreie Verhältnisbestimmung. In einem Begriff sind damit gesellschaftliche Aushandlungsprozesse benannt, die in der Phase nach der Parochie stattfinden. Dabei ist deutlich, dass die Parochie in all diesen Überlegungen noch eine wichtige Rolle spielt, weil sie die Vorstellung ist, von der her das Neue im Übergang (noch) gedacht wird. Mit den Funktionen, die sie erfüllt hat, setzt sie normative Impulse im Blick auf das, was kommen wird, frei – ohne dass es schon vollständig beschrieben werden kann.

neue Auftrag-
geberschaft
als Beispiel
für Postparo-
chialität

Zur postparochialen Ausübung des Pfarrberufs kann es beispielsweise auch gehören, komplexe Nutzer:innenprozesse wie etwa eine »Neue Auftraggeberschaft« zu moderieren: Pfarrer:innen bekommen hier eine Kurator:innenrolle, um Menschen zu einer gemeinsamen Initiative zu verbinden, in der jede:r gehört wird. Ein besonderer – religiöser – Bedarf am Ort wird hier im gemeinsamen Gespräch mit Fachpersonen erhoben und ein geeignetes Format beauftragt, das dann in die Verantwortung der Ortsansässigen übergeht.

Pfarrberuf in *einem* Verb.
Sodass es auf den Titel passte.

Was Pfarrer:innen selbst dazu sagen:
#hüten
#suchen
#hörenundbeten
#balancieren
#hören
#da_sein
#beginnen
#lesen
#losgehen
#aufknoten
#tunundlassen
#freisprechen
#begleiten
#aufhören
#experimentieren
#mitgehen
#öffnen
#(er)warten
#empowern
#wertschätzen
#tiefenbohren

7 Literatur

Albrecht, Christian: Gebildete Souveränität. Pastoraltheologische Argumente für die neue Einübung eines alten Zieles theologischer Ausbildung, in: Zeitschrift für Theologie und Kirche 114 (2017), 315–329.

Aßmann, Helmut/Ruck-Schröder, Adelheid (Hg.): Pfarrbildung. Bilanz und Perspektiven aus Anlass des 200jährigen Bestehens des Predigerseminars Loccum, Praktische Theologie in Geschichte und Gegenwart 35, Tübingen 2021.

Aus der Au, Christina: Die Fremdheit in der Kirche. Ein Nachwort, in: Maria Herrmann/ Sandra Bils (Hg.): Vom Wandern und Wundern. Fremdsein und prophetische Ungeduld in der Kirche, Würzburg 2017, 195–197.

Baden, Maximilian/Erichsen-Wendt, Friederike/Fendler, Folkert/Koll, Julia/Menzel, Kerstin/Meyer, Peter: »Denk nicht, sondern schau!« Der eine Pfarrdienst und seine vielfältigen parochialen und funktionalen Spielarten, in: Deutsches Pfarrerblatt 120 (2020), https://www.pfarrerverband.de/pfarrerblatt/aktuelle-beitraege?tx_pvpfarrer-blatt_pi1%5Baction%5D=print&tx_pvpfarrerblatt_pi1%5Bcontroller%5D=Item&tx_pvpfarrerblatt_pi1%5Bitem%5D=5054&cHash=c5694a5e53e1057dc9944d00a-ecf332b (Zugriff am 13.10.2021).

Baden, Maximilian: Warum studierst Du Theologie? Eine Untersuchung zur Motivation von Erstsemestern, Arbeiten zur Praktischen Theologie 83, Leipzig 2021.

Baecker, Dirk: 4.0 oder Die Lücke, die der Rechner lässt, Leipzig 2018.

Balthasar, Hans Urs von (Hg.): Wir Nachbarn der Kommunisten. Diagnosen, Einsiedeln 1975.

Bauer, Joachim/Schächtele, Traugott/Pfeifer, Ruth/Muke, Klaus/Walter, Angelika/Unterbrink, Thomas/Wirsching, Michael: Belastungserleben und Gesundheit im Pfarrberuf. Eine Untersuchung in der Evangelischen Landeskirche Baden, in: Deutsches Pfarrerblatt 109 (2009), 460–466.

Beck, Ulrich: Die Metamorphose der Welt, Berlin 2017.

Beck, Wolfgang: Die unerkannte Avantgarde im Pfarrhaus. Zur Wahrnehmung eines abduktiven Lernortes kirchlicher Pastoralgemeinschaft, Münster 2009.

Beck-Gernsheim, Elisabeth: Das halbierte Leben. Männerwelt Beruf, Frauenwelt Familie, Frankfurt a. M. 1980.

Bedford-Strohm, Heinrich/Jung, Volker (Hg.): Vernetzte Vielfalt. Kirche angesichts von Individualisierung und Säkularisierung. Die fünfte EKD-Erhebung über Kirchenmitglied-schaft, Gütersloh 2015, https://www.siekd.de/wp-content/uploads/2018/06/20151120_kmu_v_auswertungsband.pdf (Zugriff am 22.11.2021).

Bednarek-Gilland, Antje/Eberlein, Hermann-Peter: Kleidung – zwischen Distinktion und Reklerikalisierung? Beobachtungen zur Veränderung der Amtstracht und Zivilkleidung evangelischer Pfarrerinnen und Pfarrer in Deutschland, in: Gunther Schendel (hg. im Auftrag des Sozialwissenschaftlichen Instituts der EKD): Zufrieden – gestresst – herausgefordert. Pfarrerinnen und Pfarrer unter Veränderungsdruck, Leipzig 2017, 218–238.

Bedorf, Thomas: Verkennende Anerkennung. Über Identität und Politik, Berlin 2010.

Benjamin, Walter: Das Kunstwerk im Zeitalter seiner technischen Reproduzierbarkeit, Berlin (1935) [6]2010.

Boltanski, Luc: Bereicherung. Eine Kritik der Ware, Berlin 2019.

Burbach, Christiane/Döge, Peter: Gender Mainstreaming. Lernprozesse in wissenschaftlichen, kirchlichen und politischen Organisationen, Göttingen 2006.

Certeau, Michel de: Kunst des Handelns, Berlin 1988.

Cornelius-Bundschuh, Jochen: Auf der Schwelle beten lernen! Zur geistlichen Bildung in der theologischen Ausbildung, in: Regina Sommer/Julia Koll (Hg.): Schwellenkunde. Einsichten und Aussichten für den Pfarrberuf im 21. Jahrhundert, Stuttgart 2012, 141–153.

Dabrock, Peter/Augstein, Renate/Helfferich, Cornelia/Schardien, Stefanie/Sielert, Uwe: Unverschämt – schön. Sexualethik: evangelisch und lebensnah, Gütersloh 2015.

Dahlgrün, Corinna: Christliche Spiritualität. Formen und Traditionen der Suche nach Gott, Berlin [2]2018.

Dahm, Karl-Wilhelm: Art. Pfarrberuf, in: Religion in Geschichte und Gegenwart[4] 6 (2003), 1190–1191.

Deutsche Bischofskonferenz, Sekretariat: Katholische Kirche in Deutschland Zahlen und Fakten 2020/21, Bonn 2021, https://www.dbk.de/fileadmin/redaktion/Zahlen%20und%20Fakten/Kirchliche%20Statistik/Allgemein_-_Zahlen_und_Fakten/AH-325_DBK_BRO_ZuF_2020-2021_Ansicht.pdf (Zugriff am 01.11.2021).

Dressler, Bernhard/Feige, Andreas/Fischer, Dietlind/Korsch, Dietrich/Schöll, Albrecht: Innenansichten: Zum professionellen Umgang mit Religion im Pfarramt, Leipzig 2017.

Eimterbäumer, Alexandra/Erichsen-Wendt, Friederike/Menzel, Kerstin/Meyer, Peter/Schendel, Gunther/Schnelle, Ricarda/Schroth, Michael: Navigieren im Nebel. Pastoraltheologische Anmerkungen zu Pfarrberuf und Pandemie, in: Cursor_ Zeitschrift Für Explorative Theologie, 19.10.2021, https://cursor.pubpub.org/pub/1kyszxpf/ (Zugriff am 19.10.2021).

Endewardt, Ulf/Wegner, Gerhard: »Was mein Leben bestimmt? Ich!«. Lebens- und Glaubenswelten junger Menschen heute. SI aktuell, Hannover 2018. https://www.

siekd.de/wp-content/uploads/2018/11/Broschuere-Was-mein-Leben-bestimmt.pdf (Zugriff am 01.11.2021).

Erichsen-Wendt, Friederike: Don't leave Footsteps? Die Provokation des freien Raums. Kirche und Commoning, in: Für den Gottesdienst 88 (2018), 27–29.

Erichsen-Wendt, Friederike: Die Theologieproduktivität des Abendmahls. Beobachtungen (nicht nur) zu digitalmedialen Feierformen, in: epd-Dokumentation 37 (2021), 11–17.

Evangelische Kirche im Rheinland, Kirchenleitung der: E.K.I.R. 2030. Wir gestalten »evangelisch rheinisch« zukunftsfähig, Düsseldorf 2021, https://medienpool.ekir.de/A/Medienpool/92357?encoding=UTF-8 (Zugriff am 02.09.2021).

Evangelische Kirche in Deutschland (Hg.): Struktur- und Planungsausschuss, Veröffentlichung, Kirchliches Amtsblatt für Westfalen 1967, 27–38.

Evangelische Kirche in Deutschland (Hg.): Gottes Gabe und persönliche Verantwortung. Zusammenleben in Ehe und Familie, Hannover 1997, https://www.ekd.de/zusammenleben_1998_verantwortung1.html (Zugriff am 03.12.2021).

Evangelische Kirche in Deutschland, Kirchenamt der (Hg.): Kirche der Freiheit. Perspektiven für die Evangelische Kirche im 21. Jahrhundert, Hannover 2006, https://www.kirche-im-aufbruch.ekd.de/downloads/kirche-der-freiheit.pdf (Zugriff am 18.08.2020).

Evangelische Kirche in Deutschland, Kirchenamt der (Hg.): Wandeln und gestalten. Missionarische Chancen und Aufgaben der evangelischen Kirche in ländlichen Räumen, EKD Texte 87, Hannover 2007a, https://www.ekd.de/ekd_de/ds_doc/ekd_text_87_wandeln_und_gestalten.pdf (Zugriff am 02.11.2021).

Evangelische Kirche in Deutschland, Kirchenamt der (Hg.): Gott in der Stadt. Perspektiven evangelischer Kirche in der Stadt, EKD Texte 93, Hannover 2007b, https://www.ekd.de/ekd_de/ds_doc/ekd_texte_93.pdf (Zugriff am 02.11.2021).

Evangelische Kirche in Deutschland, Kirchenamt der (Hg.): Auf dem Land daheim, in: epd-Dokumentation 37 (2011), https://www.kirche-im-aufbruch.ekd.de/downloads/1._Land-Kirchen-Konferenz_-_epd-Sonderdruck.pdf (Zugriff am 03.12.2021).

Evangelische Kirche in Deutschland, Kirchenamt der (Hg.): Zwischen Autonomie und Angewiesenheit. Familie als verlässliche Gemeinschaft stärken, Gütersloh ²2013.

Evangelische Kirche in Deutschland, Kirchenamt der (Hg.): Inklusion leben in Kirche und Gesellschaft. Eine Orientierungshilfe, Hannover 2015, https://www.ekd.de/ekd_de/ds_doc/orientierungshilfe_inklusion2105.pdf (Zugriff am 03.12.2021).

Evangelische Kirche in Deutschland, Kirchenamt der (Hg.): Kirchengemeinden, Theologiestudierende, Ausbildung zum Pfarrdienst, Pfarrstellen, Theologinnen und Theologen in den Gliedkirchen der EKD im Jahr 2016, Hannover 2020a, https://www.ekd.de/ekd_de/ds_doc/Pfarrdienst_2016.pdf (Zugriff am 01.11.2021).

Evangelische Kirche in Deutschland (Hg.): Religiöse Bildung angesichts von Konfessionslosigkeit. Aufgaben und Chancen. Ein Grundlagentext der Kammer der EKD für Bildung und Erziehung, Kinder und Jugend, Leipzig 2020b, https://www.ekd.de/ekd_de/ds_doc/konfessionslosigkeit_2020.pdf (Zugriff am 03.12.2021).

Evangelische Kirche in Deutschland: Gezählt 2021. Zahlen und Fakten zum kirchlichen Leben. Hannover 2021, https://www.ekd.de/ekd_de/ds_doc/Gezaehlt_zahlen_und_fakten_2021.pdf (Zugriff am 01.11.2021).

Evangelische Kirche von Kurhessen-Waldeck (EKKW): Agende für die Evangelische Kirche von Kurhessen-Waldeck. Bd. II Ordination, Einführung und Einweihung, Kassel 1975, 14–15.

Evangelische Kirche von Kurhessen-Waldeck, Theologische Kammer (EKKW): Die Pflicht zur Inklusion und die Tugend der Barmherzigkeit, Kassel 2014.

Evangelisch-Lutherische Kirche in Bayern (ELKB): Profil und Konzentration. Der landeskirchliche Zukunftsprozess, München 2019, https://puk.bayern-evangelisch.de/downloads/2019-10-11_PuK-Beschlussbericht_mit_Kaertchen_Querschnittsthema.pdf (Zugriff am 19.11.2021).

Fechtner, Kristian: Pfarramt auf dem Lande. Pastoraltheologische Notizen zur »Örtlichkeit« des Ortes, in: Regina Sommer/Julia Koll (Hg.): Schwellenkunde. Einsichten und Aussichten für den Pfarrberuf im 21. Jahrhundert, Stuttgart 2012, 205–217.

Forschungsgruppe Weltanschauungen in Deutschland (fowid): Vertrauen in Institutionen: 1991–2018, 28.05.2019, https://fowid.de/meldung/vertrauen-institutionen-1991-2018 (Zugriff am 22.06.2021).

Gerhardt, Volker: Geist und Geistlichkeit. Über den Selbstanspruch kirchlicher Berufe, in: Deutsches Pfarrerblatt 120 (2020), H. 9, 541–546.

GfK Verein: Trust in Professions 2018 – eine Studie des GfK Vereins. Von Feuerwehrleuten bis zu Politikern, Nürnberg 2018, https://www.nim.org/sites/default/files/medien/135/dokumente/2018_-_trust_in_professions_-_deutsch.pdf (Zugriff am 10.12.2021).

Gräb, Wilhelm: Lebensgeschichten, Lebensentwürfe, Sinndeutungen. Eine Praktische Theologie gelebter Religion, Gütersloh [2]2000.

Gräb, Wilhelm: Lebenssinndeutung als Aufgabe der Theologie, in: Zeitschrift für Theologie und Kirche 113 (2016), 366–383.

Grethlein, Christian: Pfarrer – ein theologischer Beruf, Frankfurt a. M. 2009.

Grethlein, Christian: Praktische Theologie, Berlin/Boston [2]2016.

Grethlein, Christian: Kirchenreform und Pfarrberuf – vom »Schlüsselproblem« zum »Schlüsselberuf« und wieder zurück, in: Pastoraltheologie 106 (2017), 13–19.

Grethlein, Christian: Kirche und Pfarrberuf im Wandel. Pastoraltheologische und kirchentheoretische Überlegungen für die Gestaltung des Vikariats, in: Deutsches Pfarrerblatt 121 (2021), 541–544.

Grethlein, Christian: Christliche Lebensform. Geschichte christlicher Liturgie, Bildung und Spiritualität, Berlin/Boston 2022.

Grözinger, Albrecht: Das Amt der Erinnerung – Überlegungen zum künftigen Profil des Berufs der Pfarrerinnen und Pfarrer, in: ders.: Ist die Kirche noch zu retten? Anstiftungen für das Christentum in postmoderner Gesellschaft, Gütersloh 1998, 134–141.

Gruppe U45: Das Pfarrbild kommt ins Rollen. Das Kugellager, Hamburg 2017.

Handke, Emilia: Into the Crack. Zur Transformationsarbeit, die vor uns liegt, in: Ferenc Herzig/Konstantin Sacher/Christoph Wiesinger (Hg.): Kirche der Zukunft – Zukunft der Kirche: 23 junge Pfarrerinnen und Pfarrer erzählen, Gütersloh 2021, 26–34.

Häneke, Florence: Kirche auf dem Querpfad. LGBTQ* Bewegungen in der Kirche und der Aushandlungsort Pfarramt, in: Laura-Christin Krannich/Hanna Reichel/Dirk Evers (Hg.): Menschenbilder und Gottesbilder. Geschlecht in theologischer Reflexion, Leipzig 2019a, 236–268.

Häneke, Florence: LGBTIQ*-Pfarrer*innen in Deutschland (2019b), https://www.feinschwarz.net/lgbtiq-pfarrerinnen-in-deutschland/ (Zugriff am 22.06.2021).

Haraway, Donna: Unruhig bleiben. Die Verwandtschaften der Arten im Chthuluzän, Frankfurt a. M. 2018.

Härle, Wilfried: Von Christus beauftragt. Ein biblisches Plädoyer für Ordination und Priesterweihe von Frauen, Leipzig 2017.

Hauschildt, Eberhard/Pohl-Patalong, Uta: Kirche, Lehrbuch Praktische Theologie Bd. 4, Gütersloh 2013.

Henkel, Gerhard: Das Dorf. Landleben in Deutschland – gestern und heute, Bonn ⁴2020.

Hermelink, Jan: Einige Dimensionen der Strukturveränderung der deutschen evangelischen Landeskirchen in den 1960er und 70er Jahren, in: Siegfried Hermle/Claudia Lepp/Harry Oelke (Hg.): Umbrüche. Der deutsche Protestantismus und die sozialen Bewegungen der 1960er und 70er Jahre, Göttingen ²2012, 285–301.

Hermelink, Jan: Kirche leiten in Person. Beiträge zu einer evangelischen Pastoraltheologie, Arbeiten zur Praktischen Theologie 54, Leipzig 2014.

Hermelink, Jan: Das Amt trägt nicht mehr die Person, sondern… Zur Geschichte einer empirischen Wahrnehmung in der Pastoraltheologie, in: Theologische Zeitschrift 72 (2016), H. 2, 100–113.

Hermelink, Jan: Was muss der Pfarrer? Was kann die Pfarrerin? Was sollen die Pfarrer*innen?, in: Der Pfarrberuf. Profil und Zukunft, epd-Dokumentation 30 (2019), 58–68.

Herms, Eilert: Die Spiritualität des ordinierten Amtes, in: Peter Zimmerling (Hg.): Handbuch Evangelische Spiritualität, Bd. 2: Theologie, Göttingen 2018, 485–209.

Herzig, Ferenc/Sacher, Konstantin/Wiesinger, Christoph (Hg.): Kirche der Zukunft – Zukunft der Kirche: 23 junge Pfarrerinnen und Pfarrer erzählen, Gütersloh 2021.

Heyl, Andreas von: Zwischen Burnout und spiritueller Erneuerung. Studien zum Beruf des evangelischen Pfarrers und der evangelischen Pfarrerin, Frankfurt a. M. u. a. 2003.

Heyl, Andreas von/Kemnitzer, Konstanze/Raschzok, Klaus: Salutogenese im Raum der Kirche. Ein Handbuch, Leipzig 2015.

Hofmann, Beate (Hg.): Merkmale diakonischer Unternehmenskultur in einer pluralen Gesellschaft, Stuttgart 2020.

Hörmann, Rainer: Das Kreuz mit dem Queer?, 02.03.2015, https://www.evangelisch.de/blogs/kreuz-queer/120425/02-03-2015 (Zugriff am 27.09.2020).

Josuttis, Manfred: Der Pfarrer ist anders. Aspekte einer zeitgenössischen Pastoraltheologie, München 1982.

Josuttis, Manfred: Die Einführung in das Leben. Pastoraltheologie zwischen Phänomenologie und Spiritualität, Gütersloh 1996.

Jüngel, Eberhard: Gott will mündige Christen. Allgemeines Priestertum – geordnetes Amt: Eine kurze reformatorische Erinnerung, zeitzeichen 4 (2005), 56–57.

Jurczyk, Karin/Schier, Michaela/Szymenderski, Peggy/Lange, Andreas/Voß, Günter G.: Entgrenzte Arbeit – entgrenzte Familie. Grenzmanagement im Alltag als neue Herausforderung, Berlin 2009.

Kappstein, Theodor (Hg.): Bedürfen wir des Pfarrers noch? Ergebnisse einer Rundfrage, Berlin/Leipzig 1906.

Karle, Isolde: »Da ist nicht mehr Mann noch Frau …« Theologie jenseits der Geschlechterdifferenz, Gütersloh 2006.

Karle, Isolde: Pfarrerinnen im Pfarrberuf. Gender und Professionalität, in: Ursula Kress/Carmen Rivuzumwami/Imke Frodermann (Hg.): Grüß Gott, Frau Pfarrerin. 40 Jahre Theologinnenordnung – Aufbruch zur Chancengleichheit, Stuttgart 2008, 101–124.

Karle, Isolde: Der Pfarrberuf als Profession. Eine Berufstheorie im Kontext der modernen Gesellschaft, Praktische Theologie und Kultur 3, Freiburg i. Br. ³2011.

Karle, Isolde: Praktische Theologie, Lehrwerk Evangelische Theologie 7, Leipzig ²2021.

Karpik, Lucien: Mehr Wert. Die Ökonomie des Einzigartigen, Frankfurt a. M. 2011.

Kasparick, Hanna/Kessler, Hildrun: Aufbrechen und Weiterdenken. Gemeindepädagogische Impulse zu einer Theorie der Beruflichkeit und Ehrenamt in der Kirche, Leipzig 2019.

Klessmann, Michael: Stabile Identität – Brüchiges Leben? Zum Bild des Pfarrers/der Pfarrerin zwischen Anspruch und Wirklichkeit – ein pastoraltheologischer Beitrag, in: WzM 46 (1994), 289–301; Wiederabdruck in: ders. 2001, 10–26.

Klessmann, Michael: Pfarrbilder im Wandel. Ein Beruf im Umbruch, Neukirchen-Vluyn 2001.

Klessmann, Michael: Das Pfarramt. Einführung in die Grundfragen der Pastoraltheologie, Neukirchen-Vluyn 2012.

Klessmann, Michael: Theologie und Psychologie im Dialog. Einführung in die Pastoralpsychologie, Göttingen 2020.

Kobi, Jean-Marcel: Management des Wandels. Die weichen und harten Bausteine erfolgreicher Veränderung, Bern 1994.

Koll, Julia: Was die Kirche von ihrem Nachwuchs lernen kann. Eine neue Generation im Pfarrberuf, Deutsches Pfarrerblatt 118 (2018), https://www.pfarrerverband.de/pfarrerblatt/
archiv?tx_pvpfarrerblatt_pi1%5Baction%5D=show&tx_pvpfarrerblatt_pi1%5Bcon-
troller%5D=Item&tx_pvpfarrerblatt_pi1%5Bitem%5D=4448&cHash=db16a16505b-
faf9935db2cf96cd9d559 (Zugriff am 13.10.2021).

Konferenz der Frauenreferate und Gleichstellungsstellen in den Gliedkirchen der EKD/
Studienzentrum der EKD für Genderfragen in Kirche und Theologie (Hg.): Gleichstellung im geistlichen Amt. Ergänzungsband 1 zum Atlas der Gleichstellung von
Frauen und Männern in der evangelischen Kirche in Deutschland, Hannover 2017,
https://www.gender-ekd.de/download/Gleichstellung%20im%20geistlichen%20Amt.
pdf (Zugriff am 24.11.2021).

Körtner, Ulrich H.J.: Amt – Ordination – Episkopé. Zum Stand der Diskussion in der
Gemeinschaft Evangelischer Kirchen in Europa (GEKE), in: Materialdienst des theologischen Instituts Bensheim 62 (2011), 83–90.

Körtner, Ulrich H.J.: Eine katholische Nationalkirche? Die römisch-katholische Kirche
in Deutschland steht nicht vor einer Protestantisierung, zeitzeichen, 2021, https://
zeitzeichen.net/node/8776 (Zugriff: 30.09.2021).

Krinke, Verena: Katholische Suchendenpastoral. Lebenswendefeiern in Halle, in: Ulrike
Wagner-Rau/Emilia Handke (Hg.): Provozierte Kasualpraxis. Rituale in Bewegung,
Stuttgart 2019, 95–98.

Kronast, Manuel: Irritation und Vernetzung. Pastorale Kommunikation im Spiegel der
Pfarrerbefragungen, Netzwerk Kirche 8, Berlin 2018.

Kühl, Stefan: Organisationen. Eine sehr kurze Einführung, Wiesbaden 2011.

Liedke, Ulf: Beziehungsreiches Leben. Studien zu einer inklusiven theologischen Anthropologie für Menschen mit und ohne Behinderung, Göttingen 2009.

Lückhoff, Martin: Das Pfarramt als Leitungsaufgabe in postheroischen Zeiten. Ein or-
ganisationstheoretischer Beitrag, in: Pastoraltheologie 101 (2021), 37–54.

Luther, Henning: Leben als Fragment. Der Mythos von der Ganzheit, in: Wege zum
Menschen 5 (1991), 262–273.

Luther, Henning: Paradoxe Institution. Zum Funktionswandel des Pfarramts im Indivi-
dualisierungsprozess, in: Kristian Fechtner/Christian Mulia (Hg.): Henning Luther.
Impulse für eine Praktische Theologie der Spätmoderne, Praktische Theologie heute
125, Stuttgart 2013, 57–78.

Magaard, Gothart/Nethöfel, Wolfgang (Hg.): Pastorin und Pastor im Norden. Antworten – Fragen – Perspektiven, Berlin 2011.

Menzel, Kerstin: Kleine Zahlen – weiter Raum. Pfarrberuf in ländlichen Gemeinden
Ostdeutschlands, Praktische Theologie heute 155, Stuttgart 2019.

Merz, Oliver: Vielfalt in der Kirche? Der schwere Weg der Inklusion von Menschen mit
Behinderung im Pfarrberuf, Münster 2017.

Meyer-Blanck, Michael: Geistliche Bildung. Wie lernen Pfarrerinnen und Pfarrer das öffentliche Gebet?, in: Agenda. Zur Theorie liturgischen Handelns, Praktische Theologie in Geschichte und Gegenwart 13, Tübingen 2013, 296–306.

Meyer-Blanck, Michael: »Höhere geistige praktische Bildung« (Johann Christoph Salfeld). Die Bedeutung des Predigerseminars für die Praktische Theologie an der Universität und die Erwartung der Praktischen Theologie an das Predigerseminar, in: Helmut Aßmann/Adelheid Ruck-Schröder (Hg.): Pfarrbildung. Bilanz und Perspektiven aus Anlass des 200jährigen Bestehens des Predigerseminars Loccum, Praktische Theologie in Geschichte und Gegenwart 35, Tübingen 2021, 305–317.

Müller, Sabrina: Gelebte Theologie. Impulse für eine Pastoraltheologie des Empowerments, Theologische Studien 14, Zürich 2019.

Nassehi, Armin: Religiöse Kommunikation. Religionssoziologische Konsequenzen einer qualitativen Untersuchung, in: Bertelsmann Stiftung (Hg.): »Was glaubt die Welt?« Analysen und Kommentare zum Religionsmonitor 2008, Gütersloh 2008.

Nassehi, Armin: Unbehagen. Theorie der überforderten Gesellschaft, München 2021.

Nierop, Jantine: Eine Gemeinde, mehrere PfarrerInnen. Reflexionen auf das mehrstellige Pfarramt aus historischer, empirischer und akteurtheoretischer Perspektive, Praktische Theologie heute 151, Stuttgart 2017.

Nitsche, Stefan Ark: Berufsbild: Pfarrerin, Pfarrer, Abschlussbericht vorgelegt auf der Landessynode der Ev.-luth. Kirche in Bayern in Schweinfurt, November 2015.

Nüchtern, Michael: Kirche bei Gelegenheit. Kasualien – Akademiearbeit – Erwachsenenbildung, Stuttgart 1991.

Offenberger, Ursula: Stellenteilende Ehepaare im Pfarrberuf. Kooperation und Arbeitsteilung, Religion&Sozialkultur 24, Berlin 2008.

Ohlendorf, David/Rebenstorf, Hilke (hg. im Auftrag des Sozialwissenschaftlichen Instituts der EKD): Überraschend offen. Kirchengemeinden in der Zivilgesellschaft, Leipzig 2019.

Otto, Gert: Zur gegenwärtigen Diskussion in der Praktischen Theologie. Thesen und Texte als Rahmen und Orientierung, in: ders. (Hg.): Praktisch-Theologisches Handbuch, Hamburg 1970, 9–24.

Peters, Fabian/Gutmann, David: #projektion2060 – Die Freiburger Studie zu Kirchenmitgliedschaft und Kirchensteuer. Analysen – Chancen – Visionen, Neukirchen-Vluyn 2021.

Pickel, Gert: Gesellschaft – Christentum – Theologie 2040. Empirische Daten und Prognosen, in: Bernd Schröder (Hg.): Pfarrer oder Pfarrerin werden und sein. Herausforderungen für Beruf und theologische Bildung in Studium, Vikariat und Fortbildung, Veröffentlichungen der Wissenschaftlichen Gesellschaft für Theologie 61, Leipzig 2020, 157–176.

Pohl-Patalong, Stephan: Die diffuse Vielfalt der Erwartungen. Beobachtungen von Organisationsberatern zu den Stressfaktoren im pastoralen Beruf, in: Schendel, Gunther (hg.

im Auftrag des Sozialwissenschaftlichen Instituts der EKD): Zufrieden – gestresst – herausgefordert. Pfarrerinnen und Pfarrer unter Veränderungsdruck, Leipzig 2017, 94–115.

Pohl-Patalong, Uta: Von der Ortskirche zu kirchlichen Orten. Ein Zukunftsmodell, Göttingen [2]2005.

Pohl-Patalong, Uta: Kirche gestalten. Wie die Zukunft gelingen kann, Gütersloh 2021.

Reckwitz, Andreas: Die Gesellschaft der Singularitäten. Zum Strukturwandel der Moderne, Berlin 2017.

Reckwitz, Andreas/Rosa, Hartmut: Spätmoderne in der Krise. Was leistet die Gesellschaftstheorie?, Berlin 2021.

Röcke, Anja: Soziologie der Selbstoptimierung, Berlin 2021.

Roleder, Felix/Weyel, Birgit: Vernetzte Kirchengemeinde. Analysen zur Netzwerkerhebung der V. Kirchenmitgliedschaftsuntersuchung der EKD, Leipzig 2019.

Sagert, Dietrich: Minderheitlich werden. Experiment und Unterscheidung, Leipzig 2021.

Schendel, Gunther (hg. im Auftrag des Sozialwissenschaftlichen Instituts der EKD): Zufrieden – gestresst – herausgefordert. Pfarrerinnen und Pfarrer unter Veränderungsdruck, Leipzig 2017.

Schendel, Gunther: Ehrenamtliche im Verkündigungsdienst: Systemrelevant und offen für neue Rollen. Aktuelle empirische Ergebnisse aus der Ev.-luth. Landeskirche Hannovers, SI kompakt 2 (2020a).

Schendel, Gunther: Multiprofessionalität und mehr. Multiprofessionelle Teams in der evangelischen Kirche – Konzepte, Erfahrungen, Perspektiven, SI kompakt 3 (2020b), https://www.siekd.de/wp-content/uploads/2020/09/2020-09-28_SI-KOMPAKT_ Multiprofessionelle-Teams_Schendel.pdf (Zugriff am 09.12.2021).

Schian, Martin: Der evangelische Pfarrer der Gegenwart, wie er sein soll, Leipzig 1914, [2]1920.

Schlicht, Christoph/Bode, Maximilian: Kirchenrebellen. Wir bringen Leben in die Bude, München 2021.

Schnelle, Ricarda: Gemeinsam autonom sein. Eine Untersuchung zu kollegialen Gruppen im Pfarrberuf, Arbeiten zur Praktischen Theologie 76, Leipzig 2019.

Schröder, Bernd (Hg.): Pfarrer oder Pfarrerin werden oder sein. Herausforderung für Beruf und theologische Bildung in Studium, Vikariat und Fortbildung, Veröffentlichungen der Wissenschaftlichen Gesellschaft für Theologie 61, Leipzig 2020.

Schröder, Bernd: Auf dem Weg zur Pfarrerin und zum Pfarrer als »essayeur«. Experimentieren als unerlässlicher Modus der Pfarrbildung, in: Helmut Aßmann/Adelheid Ruck-Schröder (Hg.): Pfarrbildung. Bilanz und Perspektiven aus Anlass des 200jährigen Bestehens des Predigerseminars Loccum, Praktische Theologie in Geschichte und Gegenwart 35, Tübingen 2021, 341–354.

Sinek, Simon: Frag immer erst: warum. Wie Führungskräfte zum Erfolg inspirieren, München [8]2014.

Sommer, Regina/Koll, Julia (Hg.): Schwellenkunde. Einsichten und Aussichten für den Pfarrberuf im 21. Jahrhundert. Ulrike Wagner-Rau zum 60. Geburtstag, Stuttgart 2012.

Stäheli, Urs: Soziologie der Entnetzung, Berlin 2021.

Stahl, Benjamin/Hanser, Anja/Herbst, Michael: Stadt, Land, Frust? Eine Greifswalder Studie zur arbeitsbezogenen Gesundheit im Stadt- und Landpfarramt, Kirche im Aufbruch 26, Leipzig 2019.

Stalder, Felix: Kultur der Digitalität, Berlin ²2021.

Taylor, Charles: Das Unbehagen an der Moderne, Frankfurt a. M. 1995.

Thadden, Elisabeth von: Die berührungslose Gesellschaft, München 2018.

Thomas, Günter: Im Weltabenteuer Gottes leben. Impulse zur Verantwortung für die Kirche, Leipzig ²2021.

Ursel, Christine: Kompass-Kompetenzen für komplexe Kontexte. Orientierung im unübersichtlichen Gelände, in: Kirche in Bewegung. Gemeindekolleg der VELKD (2019), 27–31.

Victor, Christoph: Pfarrer sein in wechselnden Gesellschaften. Eine qualitative Untersuchung zu Identität und Alltag im Pfarrberuf, Leipzig 2005.

Vogel, Friedemann: Authentifizierung – Grundlagen der Theorie zu sozialsymbolischen Praktiken der Identifizierung und Zugangskontrolle, in: Linguistik Online 105 (2020), H. 5, 43–67, https://doi.org/10.13092/lo.105.7372 (Zugriff: 03.09.2021).

Wagner-Rau, Ulrike: Vom Umgang mit Grenzen und Übergängen. Überlegungen zum eingeschränkten Dienst im Pfarramt, in: Pastoraltheologie 89 (2000), 529–542.

Wagner-Rau, Ulrike: Auf der Schwelle. Das Pfarramt im Prozess kirchlichen Wandels, Stuttgart ²2011.

Wagner-Rau, Ulrike: Pastoraltheologie, in: Kristian Fechtner/Jan Hermelink/Martina Kumlehn/Ulrike Wagner-Rau: Praktische Theologie. Ein Lehrbuch, Stuttgart 2017, 105–127.

Wagner-Rau, Ulrike: Geistliche Fundierung als integrierende Mitte des Pfarrberufs, in: Der Pfarrberuf. Profil und Zukunft, epd-Dokumentation 30 (2019), 27–33.

Wagner-Rau, Ulrike: Die personale Dimension im Pfarrberuf, in: Bernd Schröder (Hg.): Pfarrer oder Pfarrerin werden oder sein. Herausforderung für Beruf und theologische Bildung in Studium, Vikariat und Fortbildung, Veröffentlichungen der Wissenschaftlichen Gesellschaft für Theologie 61, Leipzig 2020, 113–126.

Weber, Cornelia/Cornelius-Bundschuh, Jochen: »Die Juwelen des Pfarrberufs«. Ein pastoraltheologischer Blick auf den Pfarrbildprozess in der Badischen Landeskirche, in: Deutsches Pfarrerblatt 120 (2020), https://www.pfarrerverband.de/pfarrerblatt/aktuelle-beitraege?tx_pvpfarrerblatt_pi1%5Baction%5D=print&tx_pvpfarrerblatt_pi1%5Bcontroller%5D=Item&tx_pvpfarrerblatt_pi1%5Bitem%5D=5051&cHash=788948cf97023e-10a240c27520d5c0f7 (Zugriff am 13.10.2021).

Weiss, Hans-Martin: Dienstvergehen und Sanktionen im Wandel, in: Hanns Kerner/ Johannes Rehm/Hans-Martin Weiss (Hg.): Das geistliche Amt im Wandel. Entwicklungen und Perspektiven, Leipzig 2017, 199–202.

Wenz, Gunter: Rite vocatus/a. Zu einer Empfehlung der Bischofskonferenz der VELKD, in: Deutsches Pfarrerblatt 105 (2005), 59–64.

Wiesinger, Christoph: Authentizität. Eine phänomenologische Annäherung an eine praktisch-theologische Herausforderung, Praktische Theologie in Geschichte und Gegenwart 31, Tübingen 2019.

Wild, Gerhard: Teildienst im Pfarrberuf. Seine Auswirkungen auf das pastorale Berufsbild am Beispiel der Evangelisch-Lutherischen Kirche in Bayern, Leipzig 2012.

Winkelmann, Judith: »Weil wir nicht vollkommen sein müssen«. Zum Umgang mit Belastungen im Pfarrberuf, Stuttgart 2019.

Zukunftsinstitut: Impact Map für Szenarien und Megatrends (2020), www.zukunftsinstitut.de (Zugriff am 29.08.2020).

Zurstiege, Guido: Taktiken der Entnetzung. Die Sehnsucht nach Stille im digitalen Zeitalter, Berlin 2019.

Register